As Conferências Pan-Americanas (1889 a 1928)

Identidades, União Aduaneira e Arbitragem

As Conferências Pan-Americanas (1889 a 1928)

IDENTIDADES, UNIÃO ADUANEIRA E ARBITRAGEM

Tereza Maria Spyer Dulci

Copyright © 2013 Tereza Maria Spyer Dulci

Grafia atualizada segundo o Acordo Ortográfico da Língua Portuguesa de 1990, que entrou em vigor no Brasil em 2009.

Publishers: Joana Monteleone/ Haroldo Ceravolo Sereza/ Roberto Cosso
Edição: Joana Monteleone
Editor assistente: Vitor Rodrigo Donofrio Arruda
Projeto gráfico, capa e diagramação: Rogério Cantelli
Revisão: Samuel Vidilli

IMAGENS DA CAPA

Capa – *Careta*, J. Carlos, publicado em 21.06.1919. In: LIMA, Herman. *História da Caricatura no Brasil*. Rio de Janeiro: José Olympio, vol. 1, 1963, p. 332.
Contracapa – Disponível no site: <sxc.hu>

CIP-BRASIL. CATALOGAÇÃO-NA-FONTE
SINDICATO NACIONAL DOS EDITORES DE LIVROS, RJ

D144f

Dulci, Tereza Maria Spyer
AS CONFERÊNCIAS PAN-AMERICANAS (1889 A 1928): IDENTIDADES, UNIÃO
ADUANEIRA E ARBITRAGEM
Tereza Maria Spyer Dulci
São Paulo: Alameda, 2013.
238p.

Inclui bibliografia
ISBN 978-85-7939-171-2

1. Américas - História econômica. 2. Relações internacionais. 3. Políticas econômicas. I. Título.

11-8215.   CDD: 331.544098161
            CDU: 331.102.12 (815.6)

031935

ALAMEDA CASA EDITORIAL
Rua Conselheiro Ramalho, 694 – Bela Vista
CEP 01325-000 – São Paulo – SP
Tel. (11) 3012-2400
www.alamedaeditorial.com.br

Sumário

PREFÁCIO 7

INTRODUÇÃO 13

1. AS CONFERÊNCIAS PAN-AMERICANAS (1889-1928) 33

2. A QUESTÃO DAS IDENTIDADES 71
A identidade pan-americana 74
A identidade latino-americana 103

3. A UNIÃO ADUANEIRA 121
Os EUA e a união aduaneira 125
Outros projetos de integração 142

4. A ARBITRAGEM 163

CONSIDERAÇÕES FINAIS 189

FONTES 195

REFERÊNCIAS 201

AGRADECIMENTOS 233

PREFÁCIO

ESTE LIVRO DE TEREZA MARIA SPYER DULCI apresenta uma inovadora análise sobre as Conferências Pan-americanas, que foram realizadas em diversas capitais das Américas, desde o final do século XIX até a metade do XX. A autora recortou um longo período – desde a primeira reunião, que aconteceu em Washington, em 1889, até a sexta, ocorrida em Havana, em 1928 – para poder responder a questões bastante originais levantadas a partir do vasto volume de documentação compilada.

As Conferências se constituíram em foro privilegiado para o debate sobre importantes problemas que interessavam aos governos dos países americanos, estando diretamente relacionados às diretrizes de suas políticas externas. O Brasil participou de todas as assembleias, sediando inclusive um encontro no Rio de Janeiro, em 1906. Se durante o Império, a monarquia manteve fortes laços com a Europa, com o advento da República estabeleceram-se linhas de simpatia com relação aos Estados Unidos. Como se sabe, a gestão do Barão do Rio Branco à frente do Itamaraty (1902-1912) provocou o deslocamento do eixo da política externa brasileira em direção a Washington. Essa mudança, por outro lado, manteve certo distanciamento, construído durante a monarquia, entre o Brasil e as repúblicas da América Latina.

Se estas são questões bastante conhecidas, Tereza encontrou um caminho ainda não explorado para pensar as manifestações dos participantes das Conferências. Optou por analisar os discursos identitários elaborados pelos protagonistas dos debates levados a termo durante esses encontros internacionais, assumindo uma abordagem própria da história política renovada em diálogo com a história cultural. Tal decisão de estudar as Conferências sob esse ângulo propiciou a possibilidade de mostrar as nuances e as particularidades que marcaram, naquele período, as relações entre o Brasil e os demais países das Américas.

Um bom exemplo do tratamento dado às fontes documentais está na primorosa análise da autora sobre os desentendimentos causados pela proposição norte-americana, apresentada já na primeira Conferência em Washington, de uma união aduaneira envolvendo os países do continente. Os Estados Unidos jamais conseguiram sua aprovação, não obtendo nem mesmo o apoio do Brasil. As críticas à ideia mostravam que os latino-americanos tinham clareza de que essa medida seria prejudicial a seus interesses e apenas beneficiaria o país do norte. Refletindo sobre esses debates, Tereza indica a complexidade histórica do tema e contribui para a compreensão do fracasso das recentes propostas da Área de Livre Comércio das Américas (Alca) defendidas pelo governo norte-americano. Antes como agora, o ponto central enfatizado refere-se ao entendimento de que a desigualdade das economias latino-americanas frente à dos Estados Unidos inviabiliza a união.

No cerne da questão aduaneira estava embutido o projeto de construção de uma identidade pan-americana. Tal formulação encontrava-se na base da organização das Conferências.

Essa perspectiva, também idealizada pelos Estados Unidos, tinha o firme propósito de reforçar os laços entre as repúblicas das Américas para edificar uma unidade e marcar as diferenças com a Europa. Nas Conferências, a Argentina se destacou como o país que mais combateu essa visão, por entender que essa perspectiva poderia acarretar a submissão dos demais países à supremacia dos Estados Unidos. O Brasil, ainda que mantivesse uma posição favorável aos Estados Unidos, não se subordinou inteiramente às suas imposições. O equilíbrio buscado pela chancelaria brasileira levava em conta a defesa dos interesses nacionais e a forte disputa com a Argentina pela liderança na América do Sul.

Assim, as nuances das posições assumidas pelos representantes dos diversos países durante as Conferências, em especial as do Brasil, vão sendo iluminadas, com sutileza e acuidade, pela autora. Em conclusão, afirma que o discurso pan-americanista, ainda que representasse a voz oficial dessas assembleias, não conseguiu ser hegemônico, pois foi constantemente confrontado por uma identidade latino-americanista, advogada em especial pela Argentina. Do mesmo modo, diversas proposições dos Estados Unidos não tiveram boa acolhida e, algumas vezes, foram derrotadas. E o Brasil não voltou inteiramente as costas a seus vizinhos sul-americanos, pois o Ministério das Relações Exteriores, de acordo com o jogo estratégico de poder continental, sabia da necessidade da manutenção de diálogos e negociações com todos eles, dando especial atenção à Argentina.

As relações internacionais entre o Brasil, a América Latina e os Estados Unidos se constituem em tópico que desperta grande interesse, pois nele estão envolvidos desde questões no âmbito da política até problemas de ordem cultural, social e econômica.

Nesse sentido, este livro tem o potencial de alcançar um público bastante amplo que ultrapassa os muros da universidade.

Com uma redação clara e fluente, Tereza Spyer Dulci convida o leitor a refletir sobre temas importantes da atualidade, conferindo-lhes uma dimensão histórica que permite sua melhor compreensão. A leitura prazerosa deste texto contribui para que se entenda de maneira mais refinada o lugar do Brasil nas Américas no passado e no presente.

Maria Ligia Coelho Prado

INTRODUÇÃO

A CONSTITUIÇÃO DO MERCADO COMUM DO SUL (Mercosul), em 1991, e da União de Nações Sul Americanas (Unasul), em 2008, produziu inquietações particulares, levantando problemas como os referentes à compreensão das aproximações e distanciamentos entre o Brasil e os demais países integrantes dos blocos e às suas possibilidades de integração econômica, política e cultural. Sabe-se que a identificação dos brasileiros como latino-americanos tem sido muito variável, dependendo principalmente, das circunstâncias dos momentos históricos vividos. As diferenças, mais do que as semelhanças, foram ressaltadas ao longo do tempo por diversos segmentos da sociedade brasileira.

Para entender esse movimento ambíguo de aproximação e distanciamento entre o Brasil e os demais países da América Latina, nossa pesquisa se voltou para um período crucial da história do Brasil, qual seja, o da transição do regime monárquico para o republicano e seus desdobramentos nas primeiras décadas do século XX. Assim, este livro pretende analisar as manifestações brasileiras nas Conferências Pan-Americanas, entre 1889 e 1928, pois com a República, esboçou-se uma aproximação entre o Brasil e as demais nações sul-americanas.

Nossas balizas cronológicas (1889-1928) se justificam em razão de que neste período de início e consolidação da República brasileira estabeleceram-se padrões novos de convivência entre o Brasil e os demais países da América do Sul, que pudemos acompanhar nos debates das Conferências. Ademais, nossa pesquisa encerra-se na Sexta Conferência Pan-Americana de 1928 por entendermos que as questões e problemas nacionais e internacionais que emergem após a crise de 1929, a chegada ao poder de Getúlio Vargas em 1930 e a crise dos Estados liberais na Europa, são de ordem bastante diversa daqueles colocados no período anterior.

Foi também nesse período que tomou forma o pan-americanismo elaborado pelos idealizadores da política externa dos Estados Unidos e em torno dessa proposta organizaram-se as Conferências Pan-Americanas: de Washington (1889-1890); do México (1901-1902); do Rio de Janeiro (1906); de Buenos Aires (1910); de Santiago (1923); de Havana (1928); de Montevidéu (1933); de Lima (1938) e de Bogotá (1948), nesta última foi criada a Organização dos Estados Americanos (OEA).

Os estudos iniciais sobre as Conferências Pan-Americanas e o pan-americanismo se deram em concomitância com as primeiras reuniões, porém, de maneira sistemática, estes trabalhos foram elaborados principalmente depois da Constituição da União Pan-Americana (1910), pois este órgão tinha, dentre seus objetivos, estimular pesquisas relacionadas à história do continente Americano, dar suporte a estudos sobre as Conferências e ajudar a manter a Biblioteca Pan-Americana. Muitos são os livros deste período que reúnem coleta de informações sobre as Conferências, pois os próprios países integrantes estimulavam seus intelectuais (diplomatas em sua grande maioria) a tratarem de temas relacionados ao pan-americanismo.

Entretanto, análises sobre os significados políticos das Conferências são muito raros, pois os estudiosos que elaboraram boa parte dessas pesquisas estavam mais preocupados em sistematizar dados que auxiliassem as Conferências futuras. Além disso, esses trabalhos usaram predominantemente como fontes as Atas das Conferências e alguns outros documentos oficiais paralelos às reuniões. Exemplos mais destacados destes estudos são: *Del Congresso de Panamá a la Conferencia de Caracas (1826-1954)* do mexicano Francisco Cuevas Cancino; *El Panamericanismo* do colombiano José Joaquin Caicedo Castilla; *El panamericanismo y la opinión europea* do cubano Orestes Ferrara; *Panamericanismo* do chileno Galvarino Gallardo Nieto; *Evolución del Panamericanismo* do argentino Enrique Gil; *Pan American Progress* do estadunidense Philip Leonard Green; *Pan-Americanism: its beginnings* do estadunidense Joseph Byrne Lockey e *El interamericanismo en marcha. De Bolivar y Monroe al rooseveltianismo* do nicaraguense José Sansón-Terán.[1]

---

1   CANCINO, Francisco Cuevas. *Del Congresso de Panamá a la Conferencia de Caracas (1826-1954)*. Caracas: Oficina Central de Infomación, 1976; CASTILLA, José Joaquin Caicedo. *El Panamericanismo*. Buenos Aires: Roque de Palma Editor, 1961; FERRARA, Orestes. *El panamericanismo y la opinión europea*. Paris: Le Livre Libre, 1930; GALLARDO NIETO, Galvarino. *Panamericanismo*. Santiago do Chile: Imprenta Nascimento, 1941; GIL, Enrique. *Evolución del Panamericanismo*. Buenos Aires: Libreria y Casa Editora de Jesús Mendendéz, 1933; GREEN, Philip Leonard. *Pan American Progress*. Nova York: Hastings House Publishers, 1942; LOCKEY, Joseph Byrne. *Pan-Americanism: its beginnings*. Nova York: Macmillan, 1920 e SANSÓN-TERÁN, José. *El interamericanismo en marcha. De Bolivar y Monroe al rooseveltianismo*. Cambridge, Massachussets: Harvard University Press, 1949.

Se os primeiros trabalhos sobre as Conferências Pan-Americanas foram incentivados pela União Pan-Americana, os estudos mais recentes sobre o assunto se apresentam na sua maioria, muito influenciados pelas novas questões que surgiram a partir da constituição do Mercosul e dos esforços norte-americanos em tornar viável a Área de Livre Comércio das Américas (Alca). Atualmente, os principais trabalhos sobre o tema foram produzidos nos Estados Unidos, no México, em Cuba, na Argentina e nos países que compõem o Mercosul.[2]

Dentre os muitos estudos que se dedicaram a estudar a história das relações internacionais do Brasil com os demais países do continente, principalmente os latino-americanos, cinco

---

2 Exemplos de estudos mais recentes sobre o tema são: BULCOURF, Carlos. "Voces de alerta contra la Conferencia Panamericana de 1889". In: *Ciclos en la Historia, la Economia y la Sociedad*, año IX, num. 17, primer semestre, Buenos Aires: FIHES, 1999; DENT, David W. *The legacy of the Monroe Doctrine. A reference guide to U.S. involvement in Latin America and the Caribbean*. Westport, Connecticut: Green-Wood Press, 1999; EKLES, Alfred E. Jr. *Opening America´s market. U.S. foreign trade policy since 1776*. Chapel Hill: The University of North Carolina Press, 1995; HEALY, David. *James G. Blaine and Latin America*. Columbia: University of Missouri Press, 2002; HEREDIA, Edmundo A. *La Guerra de los congresos: el Pan-Hispanismo contra el Panamericanismo*. Córdoba: Junta Provincial de Historia, 2007; MARICHAL, Carlos (coord.). *México y las Conferencias Panamericanas 1889-1938. Antecedentes de la globalización*. México: Secretaria de Relaciones Exteriores, 2002; MCPHERSON, Alan. *Yankee No! Anti-americanism in. U.S. – Latin American relations*. Cambridge: Massachusetts, Harvard University Press, 2003; MORGENFELD, Leandro. *Argentina y Estados Unidos en las Conferencias Panamericanas (1880-1955)*. Buenos Aires: Continente, 2011; SMITH, Joseph. *The United and Latin America. A history of American diplomacy, 1776-2000*. Nova York: Routledge, 2005 e VÁSQUEZ GARCÍA, Humberto. *De Chapultepec a la OEA: apogeo y crisis del panamericanismo*. Habana: Editorial de Ciencias Sociales, 2001.

publicações muito nos auxiliaram em nossa pesquisa, quais sejam: *Relações Internacionais dos Países Americanos*, organizado por Amado Luiz Cervo e Wolfgang Döpcke; *O Estudo das Relações Internacionais do Brasil* de Paulo Roberto de Almeida; *Conflito e Integração na América do Sul – Brasil, Argentina e Estados Unidos: da Tríplice Aliança ao Mercosul (1870-2003)*, de Luiz Alberto Muniz Bandeira; *O Brasil entre a América e a Europa: o Império e o Interamericanismo (do Congresso do Panamá à Conferência de Washington)* de Luis Claudio Villafañe Gomes Santos e *Pan-americanismo e projetos de integração: temas recorrentes na história das relações hemisféricas (1826-2003)* de Clodoaldo Bueno.

O livro *Relações Internacionais dos Países Americanos*[3] foi uma obra que instigou muito a nossa pesquisa. Amado Luiz Cervo e Wolfgang Döpcke, organizadores dos 37 artigos que compõem a publicação sobre a história das relações internacionais dos países do continente, dividem o texto em cinco eixos temáticos: "Formação das nações e o impacto dos nacionalismos"; "Políticas exteriores e relações bilaterais"; "O conflito, a paz e a segurança"; "Economia e relações internacionais" e "Relações internacionais e globalização". Dentre os artigos que compõem este livro, os que mais contribuíram para a nossa pesquisa foram: "Estados Unidos, Brasil e Argentina nos dois últimos séculos"[4] de Amado Luiz Cervo, artigo que analisa as aproximações e os distanciamentos entre estes três países; "As Noções de Prestígio e Soberania na Política

---

3 CERVO, Amado Luiz; DÖPCKE, Wolfgang (orgs.). *Relações Internacionais dos Países Americanos*. Brasília: Linha Gráfica, 1994.

4 CERVO, Amado Luiz. "Estados Unidos, Brasil e Argentina nos dois últimos séculos". In: CERVO, Amado Luiz; DÖPCKE, Wolfgang (orgs.). *Relações Internacionais dos Países Americanos*. Brasília: Linha Gráfica, 1994.

Externa Brasileira"[5] de Clodoaldo Bueno, que trata do projeto de
política externa elaborado pelo Barão de Rio Branco, e "El Sistema
de Arbitraje y las Disputas Regionales Latinoamericanas em la
Conferencia Interamericana de México (1901-1902)"[6] de Delia
del Pilar Otero, que analisa as questões relativas a arbitragem na
Segunda Conferência Pan-Americana.

Paulo Roberto de Almeida, em seu livro *O Estudo das Relações
Internacionais do Brasil,*[7] faz um estudo detalhado da periodiza-
ção das relações internacionais de nosso país, com destaque para
as ações do Barão de Rio Branco. Almeida nos ajuda a pensar a
mudança de eixo do Brasil com relação às potências europeias e
aos Estados Unidos. Ademais, o autor chama a atenção para o
que ele denomina como a "república dos bacharéis": "(...) que vai
atravessar grosso modo todo o primeiro período republicano [e]
tenta inserir o Brasil no chamado 'concerto das nações', inclusive
pelo envolvimento na Primeira Guerra e na ulterior experiência
da Liga das Nações (...)". Para Almeida, é nesse momento que o
Brasil procura se inserir de fato no "concerto de nações civilizadas"
pois, durante a "república dos bacharéis", o Brasil buscou "afirmar
os interesses nacionais no quadro de um sistema internacional

---

5   BUENO, Clodoaldo. "As Noções de Prestígio e Soberania na Política
    Externa Brasileira". In: CERVO, Amado Luiz; DÖPCKE, Wolfgang (orgs.).
    Relações Internacionais dos Países Americanos. Brasília: Linha Gráfica, 1994.

6   OTERO, Delia del Pilar. "El Sistema de Arbitraje y las Disputas Regionales
    Latinoamericanas en la Conferencia Interamericana de México (1901-
    1902)". In: CERVO, Amado Luiz; DÖPCKE, Wolfgang (orgs.). *Relações
    Internacionais dos Países Americanos.* Brasília: Linha Gráfica, 1994.

7   ALMEIDA, Paulo Roberto de. *O Estudo das Relações Internacionais do Brasil.*
    Brasília: LGE, 2006.

ainda discriminatório com relação às 'potências menores'", cujas nações tinham sido antigas colônias.[8]

O livro de Luiz Alberto Muniz Bandeira, *Conflito e Integração na América do Sul – Brasil, Argentina e Estados Unidos: da Tríplice Aliança ao Mercosul (1870-2003)*,[9] nos possibilitou compreender melhor as relações entre o Brasil, a Argentina e os Estados Unidos durante as Conferências Pan-Americanas. Muniz Bandeira entende que as relações entre o Brasil e a Argentina não podem ser estudadas bilateralmente pois devem ser enquadradas num espectro mais amplo das relações mundiais de poder, especialmente se percebidas num contexto de relações trilaterais envolvendo os Estados Unidos. Sua análise do papel desempenhado pelo delegado argentino Roque Saenz Peña na primeira Conferência Pan-Americana de Washington de (1889-90) é muito interessante e nos ajudou a compreender a resistência que a Argentina manteve durante as seis Conferências Pan-Americanas, principalmente, com relação à Doutrina Monroe e aos ideais pan-americanos.

Para Bandeira, o delegado argentino Roque Saenz Peña era acusado de "europeísmo", pois ele resistia à pretensão dos Estados Unidos de formar com os Estados Latino-Americanos uma união aduaneira inspirada no "*Zollverein*" pan-germânico. Com o lema "América para a humanidade" e não "América para os americanos" como conclamava a Doutrina Monroe, Roque Saenz Peña acabou por fundar uma tradição dentro da diplomacia argentina de desconfiança com relação aos Estados Unidos, pois a

---

8 *Idem*, p. 210-211.

9 BANDEIRA, Luiz A. Muniz. *Conflito e Integração na América do Sul – Brasil, Argentina e Estados Unidos: da Tríplice Aliança ao Mercosul (1870-2003)*. Rio de Janeiro: Revan, 2003.

Argentina não reconhecia os EUA como a "chancelaria do Novo Mundo", uma vez que nenhum dos Estados americanos "deveria falar exclusivamente em nome do hemisfério".[10]

O livro de Luís Claudio Villafañe Gomes Santos, *O Brasil entre a América e a Europa: o Império e o Interamericanismo (do Congresso do Panamá à Conferência de Washington)*,[11] centra-se nos congressos entre as nações do continente americano que ocorreram durante o século XIX. Este estudo foi-nos muito importante porque faz uma análise detalhada desses encontros, buscando compreender o papel desempenhado pela diplomacia brasileira. Ademais, o autor empenha-se em configurar um panorama dos principais conflitos e pontos de discórdia entre o Brasil e as demais nações latino-americanas, destacando as diferenças entre a política de integração proposta no Congresso do Panamá por Bolívar e a Doutrina Monroe formulada pelo presidente dos EUA James Monroe.

Clodoaldo Bueno, em seu artigo "Pan-americanismo e projetos de integração: temas recorrentes na história das relações hemisféricas (1826-2003)",[12] resume nesse trabalho as questões por ele estudadas em seu mestrado e em outras publicações. O autor acredita que as Conferências Pan-Americanas inauguraram uma nova etapa das relações interamericanas, pois o capitalismo norte-americano ansiava por expandir-se para além das fronteiras de

---

10 *Idem*, p. 124-152.

11 SANTOS, Luís Claudio Villafañe Gomes. *O Brasil entre a América e a Europa: o Império e o Interamericanismo (do Congresso do Panamá à Conferência de Washington)*. São Paulo: Editora Unesp, 2003.

12 BUENO, Clodoaldo. "Pan-americanismo e projetos de integração: temas recorrentes na história das relações hemisféricas (1826-2003)". In: *Revista Política Externa*, vol. 13, n. 1. São Paulo: Paz e Terra, 2004, p. 65-80.

seu território, alcançando a América Central, Caribe e América do Sul.

Bueno entende que a política pan-americanista formulada pelos Estados Unidos tinha seu objetivo centrado nas questões econômicas, deixando à margem as questões políticas. Isso se deu porque os Estados Unidos, após a Guerra de Secessão, tinham seu mercado interno saturado de manufaturas e buscavam nos mercados latino-americanos (agrários) possibilidades de escoamento das mercadorias. Porém, os EUA enfrentavam a concorrência europeia, majoritariamente inglesa, e para confrontar tais concorrentes, teriam desenvolvido e fortalecido os ideais pan-americanos. Segundo Bueno: "(...) a América Latina passou a ser vista pelos norte-americanos como uma área naturalmente destinada à expansão econômica do seu país, tanto por razões geográficas quanto históricas, pois americanos latinos e americanos anglo-saxônios tinham em comum o passado colonial".[13]

Durante nossa investigação, pareceu-nos também muito importante compreender mais detalhadamente a História do Ministério das Relações Exteriores do Brasil, incluindo seu funcionamento e o significado que a carreira diplomática teve e tem na nossa sociedade. Isso porque as Conferências Pan-Americanas foram assembleias eminentemente diplomáticas, e para entendê-las no contexto da política interna brasileira, foi necessário conhecer como funcionavam os meandros, tanto da carreira de diplomata, como das disputas que fatalmente ocorrem no seu âmbito de atuação. Com tal intuito, analisamos trabalhos que contribuíram para esclarecer algumas dúvidas que tínhamos com relação à

---

13 *Idem*, p. 67.

história Itamaraty, bem como para tentar desmistificar a figura do Barão do Rio Branco, patrono das nossas relações internacionais.

Em seus artigos sobre o Itamaraty, Alexandre de Souza Costa Barros[14] afirma que os militares e os diplomatas são os grupos mais homogêneos, articulados e conscientes do processo de construção do Estado Nacional brasileiro. Para ele, os diplomatas latino-americanos louvam as virtudes do Itamaraty, principalmente em função do prestígio do Barão do Rio Branco, a mais importante fonte simbólica do "espírito de corpo" do Ministério das Relações Exteriores.

Ademais, o autor argumenta que até o período Vargas (1930-45), a política externa brasileira era implementada de acordo com a anseios dos ministros das relações exteriores, já que o corpo diplomático brasileiro não era profissional e sim composto por jovens da elite selecionados e aprovados pelos próprios chanceleres. Essa situação só se modificou a partir das medidas de Vargas para modernizar e racionalizar a administração pública feitas pelo Departamento Administrativo do Serviço Público (DASP). No entanto, essa racionalidade não era bem vista pelo Itamaraty que "para ludibriar o sistema de admissão centralizada (…) criou e assumiu o controle do Instituto Rio Branco [fundado em 1945],

---

14 BARROS, Alexandre de Souza Costa. "Como o Barão enfrentará a turba?". In: *O Estado de São Paulo*, São Paulo, p. 2, 1 de março de 2010; *Idem*. "Problemas de transição democrática na frente militar: a definição do papel dos militares, a mudança da doutrina e a modernização do país". In: *Política e Estratégia*, Rio de Janeiro, v. VI, n. 2, 1988, p. 206-214; *Idem*. "A formulação e a implementação da política externa brasileira: o Itamaraty e os Novos Atores". In: Muñoz, Heraldo e Tulchin, Joseph S. (orgs). *A América Latina e a Política Mundial*. São Paulo: Convívio, 1986 e *Idem*. "A formação das elites e a constituição do Estado nacional brasileiro". In: *Dados*, Rio de Janeiro, n. 15, 1977, p. 101-122.

uma academia profissional que haveria de ser a única de sua espécie, durante longo tempo, no serviço civil brasileiro".[15]

Por sua vez, os estudos de Zairo Borges Cheibub,[16] analisam o desenvolvimento histórico da diplomacia brasileira e do Ministério das Relações Exteriores para compreender a configuração da arena de formulação e implementação da política externa brasileira. Além disso, relaciona as etapas da história institucional do Itamaraty com o processo de construção do Estado brasileiro, sobretudo em relação a formação das elites. Para Cheibub, os diplomatas formam um corpo profissional que se fortaleceu ao longo da história, o que "aumentou a capacidade de controle desses atores na formulação e condução da política externa brasileira". Ademais, propõe uma cronologia composta por três fases para se analisar o processo de institucionalização do Itamaraty: (1) Período Patrimonial: Diplomacia Imperial – onde não há "diferenciação do MRE e dos diplomatas, enquanto grupo profissional no seio da burocracia estatal e da elite imperial"; (2) O Momento Carismático: o Barão do Rio Branco – marcado pelo

---

15 BARROS, Alexandre de Souza Costa. "A formulação e a implementação da política externa brasileira: o Itamaraty e os Novos Atores". In: Muñoz, Heraldo e Tulchin, Joseph S. (orgs). *A América Latina e a Política Mundial*. São Paulo: Convívio, 1986, p. 30.

16 CHEIBUB, Zairo Borges. "A Formação do Diplomata e o Processo de Institucionalização do Itamaraty: Uma Perspectiva Histórica e Organizacional". In: *Leituras Especiais - Instituto Rio Branco*, Brasília, vol. 25, n. 1, 1994, p. 5-30; *Idem.* "A Carreira Diplomática no Brasil: O Processo de Burocratização do Itamarati". In: *Revista de Administração Pública*, Rio de Janeiro, vol. 23, n. 2, 1989, p. 97-128; *Idem.* "Diplomacia e Formação do Estado Nacional". In: *Política e Estratégia*, São Paulo, vol. 5, n. 1, 1987, p. 56-68; *Idem.* "Diplomacia e Construção Institucional: O Itamaraty em uma Perspectiva Histórica". In: *Dados*, vol. 28, n. 1, 1985, p. 113-131.

"domínio do Barão do Rio Branco que rompe as estruturas do ministério, inaugura um período de transição e estabilidade onde prevalece a sua liderança carismática" e (3) Período Burocrático-Racional – fase "de grandes reformas administrativas de caráter geral que racionalizam e burocratizam a carreira".[17]

Nossa pesquisa se insere na transição entre a primeira e segunda fase proposta por Cheibub, na passagem do Império para a República, momento em que a questão essencial da diplomacia brasileira permanece sendo o tema da delimitação de fronteiras. No período imperial, o Brasil mantinha boas relações diplomáticas com os países da Europa e com os EUA com missões permanentes e representantes residentes "cumprindo as funções rotineiras de representação, informação e negociação". Já com os países vizinhos, a função mais importante da diplomacia era a ligada a área militar. Nesse período, principalmente após a Guerra do Paraguai (1864-1870), o império enviava importantes membros da elite política para tratar as questões de soberania:

> Foram antes a estabilidade, coesão e homogeneidade da elite imperial – que diferenciavam o Brasil dos outros países da América Latina – que garantiram ao país supremacia diplomática em relação aos países vizinhos e, não propriamente, a existência de um corpo de funcionários diplomáticos profissionalizado e bem treinado. Essa supremacia refere-se principalmente às disputas de fronteira, onde a continuidade política obtida pela elite imperial foi muito importante para conquistar algumas vitórias e preparar o

---

17 CHEIBUB, Zairo. "Diplomacia e Construção Institucional: O Itamaraty em uma Perspectiva Histórica". In: Dados, vol. 28, n. 1, 1985, p. 113-114.

terreno para que a República consolidasse definitivamente as fronteiras nacionais.[18]

Já no segundo período, marcado pela gestão do Barão do Rio Branco (1902-1912), ocorre a formação do Itamaraty moderno. O "espírito de corpo" do Ministério das Relações Exteriores foi construído com base na figura do Barão, cuja gestão foi muito centralista e personalista. Para Cheibub, a força simbólica do Barão do Rio Branco em relação ao Itamaraty só é comparável ao poder simbólico de Duque de Caxias para o Exército e do Almirante Tamandaré para a Marinha. Ademais, o carisma de Rio Branco ajudou a tornar os diplomatas mais homogêneos e coesos "(…) O Itamaraty sai fortalecido deste período, tanto porque consegue manter sua homogeneidade face aos outros grupos de elite, como por ser bem sucedido ao forjar símbolos em seu passado que o ajudam a atuar coerentemente no futuro".[19]

O livro de Cristina Patriota de Moura, *O Instituto Rio Branco e a Diplomacia Brasileira: um estudo de carreira e socialização*[20] nos trouxe também valiosas contribuições com relação ao estudo dos significados da carreira diplomática, uma vez que a autora pesquisou o modo de vida dos estudantes que queriam ser diplomatas e os que já estavam cursando os programas do Itamaraty. Desse modo, este livro nos possibilitou entender como é formado um diplomata, quais são suas referências, quais os principais

---

18 CHEIBUB, Zairo. "Diplomacia e Construção Institucional: O Itamaraty em uma Perspectiva Histórica". In: *Dados*, vol. 28, n. 1, 1985, p. 113-114, p. 118.

19 *Idem*, p. 123.

20 MOURA, Cristina Patriota de. *O Instituto Rio Branco e a Diplomacia Brasileira: um estudo de carreira e socialização*. Rio de Janeiro: FGV, 2007.

rituais e, principalmente, a influência do Barão de Rio Branco na configuração administrativa e simbólica do Itamaraty.

Para Moura, o principal apelo da profissão de diplomata é a ideia de que a carreira trará a oportunidade de adquirir um novo status social, pois os diplomatas, em geral, se configuram em nossa sociedade como pessoas "sofisticadas", membros de uma elite de difícil acesso e próximas dos grandes centros de poder. Além disso, este é um grupo que detém uma visão de mundo própria que seria configurada a partir de princípios que exaltam a grandeza do Instituto Rio Branco, da nação brasileira e da carreira de diplomata.

Já o livro de Paulo de Góes Filho, *O Clube das Nações: a missão do Brasil na ONU e o mundo da diplomacia parlamentar*[21] foi-nos importante porque o autor faz uma descrição dos rituais dos organismos internacionais em geral, além de detalhar como se configuram as Missões do Brasil junto à Organização das Nações Unidas, lugar máximo que os nossos representantes autorizados do Estado Nacional almejam. Sua pesquisa trata dos "códigos da carreira diplomática" e busca compreender quais são as teias de relações pessoais dos funcionários do Itamaraty que se confundem com a vida pública, tornando quase que indissociável, dentro da carreira diplomática, a vida privada da pública.

Paulo de Góes Filho tenta desvendar e analisar o que ele chama de "a cultura diplomática", pois para ele, o Itamaraty é fortemente marcado pelo discurso da tradição da defesa da soberania e da não ingerência. Nesse sentido, percebemos ao longo do livro, que a relação entre o Ministério das Relações Exteriores e o

---

21 GÓES FILHO, Paulo de. O Clube das Nações: *a missão do Brasil na ONU e o mundo da diplomacia parlamentar.* Rio de Janeiro: Relume Dumará: Núcleo de Antropologia da Política/UFRJ, 2003.

Executivo (principalmente os outros ministérios) é muito tensa e se configura numa constante disputa por poder, pois o Itamaraty detém o monopólio das normas de negociação e pouco se relaciona com os demais organismos, servindo estes como consultores em determinados assuntos.

Com relação à abordagem teórica, nossa pesquisa insere-se no campo da história política e assume a perspectiva da crítica pós-colonial. Duramente criticada por décadas, tanto por historiadores da Escola dos Annales, quanto por historiadores do campo marxista, a condição da história política tem-se invertido nos últimos anos com um movimento de renovação que se convencionou chamar de "nova história política".[22]

Desse modo, a partir da década de 80 do século passado, a dimensão política dos fatos sociais passou a conquistar outros espaços, levando ao surgimento de novos objetos de estudo, principalmente a partir do uso do conceito de cultura política em um processo de longa duração, alternando-se entre continuidades e transformações.

Assim, o eixo central da renovação proposta pelos historiadores da "nova história política", decorre, principalmente, do intercâmbio com a ciência política, a sociologia, a linguística e a antropologia, frutificando, através do desenvolvimento de trabalhos sobre a sociabilidade, cultura, relações internacionais,

---

22 LE GOFF, Jacques. "Is politics still the backbone of History?". In: GILBERT, Felix.; GRAUBARD, Stephen (orgs). *Historical studies today*. Nova York: Norton, 1971; JULLIARD, Jacques. "A Política". In: LE GOFF, Jacques; NORA, Pierre. História: *Novas Abordagens*. Rio de Janeiro: Francisco Alves, 1976 e RÉMOND, René. *Por uma História Política*. Rio de Janeiro: UFRJ/FGV, 1996.

processos eleitorais, partidos políticos, grupos de pressão, opinião pública, mídia etc.[23]

Com uma nova perspectiva analítica dos dispositivos de poder que englobam cultura e política, se tornou extremamente relevante as premissas enunciadas pela crítica pós-colonial. Foram referência para nossos estudos: *Olhos do Império: Relato de Viagem e Transculturação* de Mary Louise Pratt;[24] *Close Encounters of Empire: Writing the Cultural History of. U.S. – Latin American Relations* organizado por Gilbert M. Joseph, Catharine C. Legrand e Ricardo D. Salvatore;[25] *Imágenes de um Império. Estados Unidos y las Formas de Representación de América Latina* de Ricardo D. Salvatore;[26] *Identidade Cultural na Pós-Modernidade* de Stuart Hall[27] e *O Local da Cultura* de Homi K. Bhabha.[28]

Todos os textos referidos acima, direta ou indiretamente, nos possibilitaram pensar os Estados Nacionais, o imperialismo, os

---

23 FERREIRA, Marieta de Morais. "A Nova 'Velha História': O Retorno da História Política". In: *Estudos Históricos*, Rio de Janeiro, vol. 5, n. 10, 1992, p. 265-271.

24 PRATT, Mary Louise. *Olhos do Império: Relato de Viagem e Transculturação*. São Paulo: Edusc, 1992.

25 JOSEPH, Gilbert M.; LEGRAND, Catharine C.; SALVATORE, Ricardo D. (orgs.). *Close Encounters of Empire: Writing the Cultural History of. U.S. – Latin American Relations*. Durham: Duke University Press, 1998.

26 SALVATORE, Ricardo D. *Imágenes de um Império. Estados Unidos y las Formas de Representación de América Latina*. Buenos Aires: Editorial Sudamerica, 2006.

27 HALL, Stuart. *Identidade Cultural na Pós-Modernidade*. Rio de Janeiro: DP & A, 2005.

28 BHABHA, Homi K. *O Local da Cultura*. Belo Horizonte: Editora UFMG, 1998.

discursos identitários[29] e os encontros que se deram entre as nações da América. Desse modo, essas obras nos permitiram entender e ressignificar, tanto o papel desempenhado pelos Estados Nacionais no final do século XIX e primeiras décadas do século XX, quanto às ações dos imperialismos europeu e norte-americano e as resistências que os países latino-americanos empreenderam nestes contextos. Assim, os livros estudados tornaram esses temas mais complexos, menos binários, destacando, principalmente, quais eram as diferentes relações de poder envolvidas.

Dando sequência a esta exposição, apresentaremos os capítulos que constituem este livro. No Capítulo 1 faremos uma breve apresentação das Conferências Pan-Americanas, ressaltando seus principais objetivos e resultados.

O Capítulo 2 abordará a questão das identidades, ou seja, analisaremos os dois discursos identitários construídos durante as seis Primeiras Conferências Pan-Americanas: o pan-americano e o latino-americano. Além disso, nos dedicaremos a compreender a posição do Ministério das Relações Exteriores do Brasil em relação a esses dois discursos.

A questão da união aduaneira, proposta estadunidense apresentada na Primeira Conferência de Washington, será analisada no Capítulo 3 desse livro. Este é um tema importante na historiografia sobre as Conferências Pan-Americanas, pois representa a primeira tentativa dos EUA de criar uma "área de livre comércio" na região. Neste capítulo analisaremos por que esta proposta tão cara à chancelaria norte-americana não foi aceita pelos demais

---

29 Outra trabalho que nos ajudou a compreender a questão das identidades na América: PRADO, Maria Ligia Coelho. *Identidades Latino-Americanas* (*1870-1930*), mimeo, 2000.

países do continente. Em seguida, trataremos de outros projetos de integração propostos pelas Conferências Pan-Americanas.

Por último, o Capítulo 4 versará sobre a questão da arbitragem. Nele, analisaremos as diferenças entre as propostas de arbitramento voluntário e obrigatório, bem como as discussões sobre a introdução da arbitragem como meio regular para a solução dos conflitos internacionais.

1
As conferências pan-americanas (1889-1928)

AS CHAMADAS CONFERÊNCIAS PAN-AMERICANAS[1] aconteceram entre 1889 e 1948, sendo que a primeira foi realizada em Washington (1889-1890), sucedida pelas Conferências do México (1901-1902), Rio de Janeiro (1906), Buenos Aires (1910), Santiago (1923), Havana (1928), Montevidéu (1933), Lima (1938) e de Bogotá (1948), quando se dá a formação da Organização dos Estados Americanos (OEA).[2]

---

1 Essas Conferências foram conhecidas também como Congressos Internacionais Americanos; Assembleias Diplomáticas Americanas e Conferências de Estados Americanos. Segundo Leslie Bethell: "O termo pan-americanismo – aparentado com pan-eslavismo, pan-germanismo e pan-helenismo – foi usado pela primeira vez, ao que parece, em 1890 pelo *New York Evening Post*, quando o jornal cobria a primeira Conferência Internacional dos Estados Americanos. Era uma extensão da ideia de Hemisfério Ocidental de Thomas Jefferson, Henry Clay e outros no começo do século. As Américas e a Europa, o Novo e o Velho Mundo eram distintos. E havia um relacionamento especial entre os povos e os governos do Hemisfério Ocidental". BETHELL, Leslie. "O Brasil e as Conferências Pan-Americanas". In: ABREU, Alzira Alves de (org.), *Dicionário Histórico-Biográfico da Primeira República (1889-1930)* 3 vols. Rio de Janeiro: CPDOC/FGV, no prelo, 2012/3.

2 A Organização dos Estados Americanos foi fundada em 30 de abril de 1948, em Bogotá, Colômbia. In: "História da Organização dos Estados Americanos". Disponível em: http://www.oas.org/pt/sobre/nossa_historia.

As Conferências Pan-Americanas foram a origem das grandes assembleias diplomáticas do continente, e o seu maior objetivo era a união das nações americanas por meio do fortalecimento político e do comércio na América, contando com a representação de 18 nações na Primeira Conferência, até chegar a 21 repúblicas na Nona Conferência em Bogotá, em 1948.[3]

Durante os 39 anos que separam a Primeira Conferência da Sexta, período ao qual nos dedicamos neste livro, a América passou por grandes e profundas transformações, tanto no campo político, quanto econômico, social, territorial etc. Nesse contexto, houve um enorme esforço dos países do continente americano por acelerar o processo de "civilização" que os aproximaria, paulatinamente, da modernidade e do desenvolvimento alcançados pelas potências europeias.

---

asp. Acesado em: 04/06/2007. Sobre o assunto ver também: SHEININ, David. *The Organization of American States*. New Brunswick, NJ: Transaction Publishers, 1996.

3   É curioso observar que em nenhuma das Conferências Pan-Americanas estudadas (1889-1928) o Canadá esteve representado. Quando existe alguma referência a América do Norte, são mencionados somente os Estados Unidos ou o México. O Canadá só terá influência política no continente a partir da criação da Organização dos Estados Americanos, em 1948. Isso ocorreu porque o Canadá obteve sua independência em 1 de julho de 1867, do Reino Unido, através da união de três colônias britânicas, a Província do Canadá (atual Ontário e Quebec), a Nova Brunswick e a Nova Escócia. O Ministério das Relações Exteriores do Canadá, porém, mesmo após a independência, continuou a ser controlado pelo Reino Unido. Em 1931, segundo os termos do Estatuto de Westminster, o Canadá adquiriu soberania sobre seu Ministério das Relações Exteriores. In: "History of the Department of Foreign Affairs and International Trade". Disponível em: http://www.international.gc.ca/history-histoire/department-ministere/index.aspx?lang=eng&view=d. Acessado em: 04/06/2007.

A realização das Conferências Pan-Americanas continha desde o início a ideia de união dos países do continente, questão que já vinha sendo discutida desde as primeiras décadas do século XIX. Na América do Sul, os embriões de discursos preconizando congressos de união das nações americanas podem ser percebidos, por exemplo, no processo de independência do Chile, quando Juan Egaña, no projeto de declaração de direitos do povo do chileno, disse que no dia em que a América se reunisse em um Congresso, fosse ele de todo o continente, ou apenas do sul e falasse ao resto do mundo, sua voz se faria respeitável e suas resoluções dificilmente seriam contestadas. Também podem ser percebidos quando os governos da Colômbia e do Peru firmaram um Tratado de Aliança em 1822 que se baseava em uma futura Liga das nações hispano-americanas e em um Congresso cujo objetivo era estreitar as relações dos povos nascentes (recém-independentes).[4]

Essas aspirações, principalmente de países hispano-americanos, traziam em si a intenção de união e harmonia entre as novas repúblicas do continente (ligadas por uma origem comum de raça,

---

4 Juan Egaña Risco (1769-1836) foi um jurista chileno de grande prestígio que participou dos primeiros anos do regime republicano do Chile, além de ter sido redator da Constituição chilena de 1823. Egaña Risco defendeu o princípio de solidariedade entre o Chile e as demais nações do continente e a necessidade de unir os povos americanos em uma confederação a fim de garantir a independência recém conquistada da Espanha e de evitar possíveis conflitos interamericanos. In: "El estadista que escribió nuestro primer cuento". Disponível em: http://www.memoriachilena.cl/temas/index.asp?id_ut=juaneganarisco. Acessado em: 21/05/2007. Sobre esta assunto ver também: ARNAUD, Vicente Guillermo. *Mercosul – Unión Europea, Nafta y los procesos de integración regional*. Buenos Aires: Abeledo-Perrot, 1996, p. 30-39.

língua e interesse), e culminaram no desejo de união americana constituído no Congresso do Panamá, em 1826, sob a liderança de Simón Bolívar. Este, aliás, desde o ano de 1810, vinha pregando uma união fraternal entre os povos do mundo americano.[5]

Embora o Congresso do Panamá tenha tido aspirações continentais, seu programa previa somente a reunião dos governos hispano-americanos, refletindo um ideário com raízes muito mais históricas e identitárias, do que comerciais. Em sua celebre Carta de Lima,[6] de 07 de dezembro de 1824, Bolívar afirmava:

> É tempo já que os interesses e as relações que unem entre si as Repúblicas Americanas, antes colônias espanholas, tenham uma base fundamental que eternize, se possível, a duração destes governos. Profundamente penetrado dessas ideias, convidei em 1822, como presidente da República da Colômbia, os Governos das Repúblicas do México, Peru, Chile e Buenos Aires para formarmos uma confederação e reunirmos no Istmo do Panamá, ou em outro ponto escolhido pela maioria, uma assembleia de plenipotenciários de cada Estado, que nos servisse de Conselho nos grandes

---

5 Em um artigo que Bolívar escreveu para o jornal inglês "Morning Chronicle", em 1810, este afirmou que se os venezuelanos declarassem guerra à Espanha, convidariam todos os povos do continente a defender sua soberania em uma Confederação. Também esta ideia pode ser observada no Manifesto de Cartagena, de 1812. GOMES, Luiz Souza. *América Latina, Seus Aspectos, Sua História, Seus Problemas*. São Paulo: FGV, 1966.

6 Bolívar, então à frente do Governo do Peru, tomou a iniciativa de convidar vários países para um Congresso a ser reunido no Istmo de Panamá. Essa Carta foi assinada dois dias antes da decisiva batalha de Ayacucho e era dirigida às repúblicas americanas que haviam sido colônias da Espanha. SANTOS, Luís Claudio Villafañe Gomes. *O Brasil entre a América e a Europa: o Império e o Interamericanismo (do Congresso do Panamá à Conferência de Washington)*. São Paulo: Editora Unesp, 2003.

conflitos, de ponto de contato nos perigos comuns, de fiel intérprete nos tratados públicos quando ocorressem dificuldades e de conciliador, enfim, das nossas divergências. No dia em que nossos plenipotenciários trocarem suas credenciais fixar-se-á na História Diplomática da América uma época imortal. Quando, depois de 100 séculos, a posteridade buscar a origem de nosso Direito Público e recordar os pactos que consolidaram os seus destinos, hão de ser notados com admiração os protocolos do Istmo. Aí se encontrará o plano das primeiras alianças traçando as marchas de nossas relações com o Universo.[7]

A princípio, Bolívar convidou somente delegados de países centro e sul-americanos com o intuito de discutir a criação de uma confederação entre os Estados recém-independentes da Espanha. Mas, em 1825, os EUA foram convidados a integrar o grupo, por sua ligação geográfica e econômica com o resto da América e pelos laços comerciais e financeiros que eles estabeleceram, desde sua independência, com os demais países do continente. No entanto, os EUA não chegaram a participar do encontro, pois tiveram problemas com o representante designado para tal tarefa. Para esse Congresso também foram convidados países da Europa, como a Grã-Bretanha e a Holanda, com a função de observadores.[8]

---

7   Códice: 962.V/L181/3000, 5ª Conferência Pan-Americana. Discurso de Arturo Alessandri – presidente da República do Chile, na sessão de instalação da Quinta Conferência Pan-Americana, em 1923. Nessa ocasião, Alessandri discursou para essa assembleia citando trechos da Carta de Lima de Bolívar.

8   DORATIOTO, Francisco. *Espaços Nacionais na América Latina: da Utopia Bolivariana à Fragmentação*. São Paulo: Brasiliense, 1994.

Segundo Bolívar, esse Congresso tinha como objetivo uma união ampla, pois, com a reunião proposta, ele queria tratar das principais questões que preocupavam os países hispano-americanos. "O Libertador" buscava, com o Congresso do Panamá, debater as razões de paz, de guerra e de comércio, isto é, de tudo aquilo que levasse ao progresso, organização e liberdade das nações que haviam sido colônias da Espanha.

O programa elaborado por Bolívar tinha como temas principais: a união das nações sobre a base de um direito internacional comum; a criação de uma liga para tentar resolver os problemas entre os novos países hispano-americanos ou com países estrangeiros; o repúdio a tentativas de recolonização da América; a abolição das discriminações de origem e de cor; o fim do comércio escravo e a abertura dos países hispano-americanos ao comércio inglês. Embora esse Congresso não tenha produzido os resultados esperados, pois os novos países americanos enfrentavam ainda problemas internos muito graves, ele acabou por tornar-se um referencial posterior muito importante para a defesa de projetos de união entre as nações americanas.[9]

O Brasil não participou do Congresso do Panamá, pois o governo imperial tinha receios de estabelecer uma aliança com os vizinhos hispano-americanos, "anárquicos" e "instáveis".[10] Além

---

9 DORATIOTO, Francisco. *Espaços Nacionais na América Latina: da utopia bolivariana à fragmentação*. São Paulo: Brasiliense, 1994 e HALPERÍN DONGHI, Túlio. *História da América Latina*. Rio de Janeiro: Paz e Terra, 1975.

10 CAPELATO, Maria Helena Rolim. "O 'gigante brasileiro' na América Latina: ser ou não ser latino-americano". In MOTA, Carlos Guilherme (org.). *Viagem incompleta: a experiência brasileira. A grande transação*. São Paulo: Senac, 2000; PRADO, Maria Ligia Coelho. *O Brasil e a distante América do Sul*. In: *Revista de História*, n. 145 (2001), p. 127-149 e PRADO, Maria Ligia

disso, essa aliança poderia entrar em choque com a própria questão de legitimidade do Estado monárquico, uma vez que o Brasil seria o único país que adotava esse regime político e era governado por um português da dinastia de Bragança. Além do Brasil e dos Estados Unidos, o Haiti também não esteve presente nesse Congresso, pois o país era considerado inconveniente devido ao seu movimento de independência ter sido liderado por escravos ou ex-escravos.[11]

Outra proposta que pregava a união entre os países do continente americano se deu a partir da elaboração da Doutrina Monroe, concebida como uma estratégia da política externa dos Estados Unidos para tentar aumentar a sua área de influência no continente.

A chamada Doutrina Monroe foi enunciada pelo presidente estadunidense James Monroe (1817-1825) em sua mensagem ao Congresso norte-americano, em 2 de dezembro de 1823. Essa doutrina consistia em três pontos principais: a não criação de novas colônias nas Américas; a não intervenção europeia nos assuntos internos dos países americanos e a não intervenção dos Estados Unidos em conflitos relacionados aos países europeus. Seus preceitos reafirmavam a posição dos Estados Unidos contra o colonialismo europeu, inspirando-se na política isolacionista de George Washington, e desenvolvia o pensamento de

---

Coelho. "Davi e Golias: as Relações entre Brasil e Estados Unidos no século XX". In: MOTA, Carlos Guilherme (org.). *Viagem Incompleta. A Grande Transação*. São Paulo: Senac, 2000.

11 SANTOS, Luís Claudio Villafañe Gomes. *O Brasil entre a América e a Europa: o Império e o Interamericanismo (do Congresso do Panamá à Conferência de Washington)*. São Paulo: Editora Unesp, 2003.

Thomas Jefferson, segundo o qual "a América tem um hemisfério para si mesma".[12]

Além disso, a Doutrina Monroe representava uma advertência não só à Santa Aliança, como também à própria Grã-Bretanha, embora seu efeito imediato, quanto à defesa dos novos Estados americanos, fosse puramente moral, dado que os interesses econômicos e a capacidade política e militar dos Estados Unidos não ultrapassavam, naquele momento, a região da América Central e do Caribe.[13]

Desse modo, a Doutrina Monroe, como declaração unilateral de política externa dos EUA, acabou por inaugurar uma prática mantida pelos governos norte-americanos posteriores, que a interpretaram segundo seus próprios interesses, como foi levado a cabo na guerra contra o México, culminando com a perda de mais da metade do território deste país.

A proposta da Doutrina Monroe, no entanto, não foi apresentada oficialmente em nenhum dos congressos que aconteceram no continente entre 1823 e 1865,[14] vindo a tomar forma apenas nas Conferências Pan-Americanas. Desse modo, embora essa

---

12 BUENO, Clodoaldo. "Pan-Americanismo e Projetos de Integração: temas recorrentes na história das relações hemisféricas (1826-2003)". In: *Política Externa*, São Paulo, vol. 13, n. 1, 2004, p. 65-80.

13 "Monroe Doctrine". Disponível em: http://www.loc.gov/rr/program/bib/ourdocs/Monroe.html. Acessado em: 21/03/2007.

14 O Congresso do Panamá, de 1826, foi o primeiro de uma série de congressos que aconteceram entre 1826 e 1865 no continente, respectivamente: do Panamá (1826); de Lima (1847-1848); de Santiago (1856); de Washington (1856) e de Lima (1864-1865). SANTOS, Luís Claudio Villafañe Gomes. *O Brasil entre a América e a Europa: o Império e o Interamericanismo (do Congresso do Panamá à Conferência de Washington)*. São Paulo: Editora Unesp, 2003.

Doutrina tenha sido elaborada na década de 1820, os Estados Unidos, nesse período, enfrentavam posições divergentes e muitas vezes conflitantes devido à disputa de interesses entre os grupos econômicos internos, principalmente nas contendas políticas travadas entre os estados do norte e do sul.

Apesar disso, nas últimas décadas do século XIX, os Estados Unidos empreenderam um grande esforço para ampliar o seu comércio e consolidar a aproximação econômica com os demais países do continente, pois tornou-se necessário escoar a produção industrial no intuito de aumentar sua receita. Esse movimento de aproximação com os demais países americanos só foi possível após a vitória da União sobre os Confederados na Guerra de Secessão (1861-1865), pois o fim da guerra civil representou o triunfo do industrialismo do norte sobre o agrarismo sulista.[15]

Mas foi apenas após a Guerra Hispano-Americana de 1898 que o foco da política externa norte-americana voltou-se efetivamente para os países da América Central e do Caribe, pois, com o término da Guerra Civil, rapidamente os EUA se reconstruíram e o capitalismo norte-americano urgia por ultrapassar as suas próprias fronteiras.

Desse modo, concomitante ao processo de expansão colonial europeia na África e na Ásia, gerador de tensões entre as grandes potências europeias, fortaleceu-se nos EUA a corrente que defendia o nacionalismo expansionista, ao mesmo tempo em que era reafirmada a convicção de que a nação norte-americana tinha

---

15 CERVO, Amado Luiz. "Estados Unidos, Brasil e Argentina nos dois últimos séculos". In: CERVO, Amado Luiz; DÖPCKE, Wolfgang (orgs.). *Relações Internacionais dos Países Americanos: vertentes da História*. Brasília: Linha Gráfica, 1994, p. 358-367.

uma missão internacional a cumprir na defesa da "democracia" e "da liberdade".[16]

Nesse sentido, a política externa norte-americana esforçou-se por transformar os EUA no novo líder do continente, tratando de afastar a influência das potências europeias sobre as nações americanas (especialmente da Inglaterra). Para alcançar essa finalidade, os EUA convidaram, no final do século XIX, por meio do seu Secretário de Estado, James G. Blaine, os países americanos para uma conferência sobre questões relativas, principalmente, ao comércio internacional e à arbitragem nas disputas interamericanas. Dava-se início, nesse momento, a prática da Doutrina Monroe, que pretendia a "americanização da América", através do lema "América para os americanos".[17]

Embora as propostas pan-americanas tenham tido grande repercussão dentro dos EUA nas últimas décadas do século XIX, nem todos os comerciantes norte-americanos estavam de acordo com os princípios pan-americanos, pois muitos deles, especialmente da região sul dos EUA, temiam o aumento da competição na comercialização de seus principais produtos (cereais, açúcar, gado, tabaco e algodão). Ademais, no Senado norte-americano, os estados sulistas exerciam forte oposição às propostas de união com as demais nações do continente.

Contudo, os estados industrializados do norte e nordeste enxergavam na América Latina um importante mercado para

---

16 BUENO, Clodoaldo. "Pan-Americanismo e Projetos de Integração: temas recorrentes na história das relações hemisféricas (1826-2003)". In: *Política Externa*, São Paulo, vol. 13, n. 1, 2004, p. 65-80.

17 Códice: 273/3/4, 1ª Conferência Pan-Americana. Histórico da 1ª Conferência Pan-Americana.

comercializar sua promissora produção industrial. Seus representantes no Senado percebiam nos futuros congressos continentais um foro diplomático fundamental, no qual poderiam expandir sua influência econômica ao longo do continente, em substituição às potências europeias. Eles buscavam instituir uma união aduaneira nos moldes do bem sucedido "Zollverein alemão" (aliança aduaneira que teve como meta instituir uma política comercial liberal entre os 39 Estados alemães).[18]

É nessa conjuntura descrita acima, que se insere a Primeira Conferência Pan-Americana convocada pelos EUA. Essa Conferência realizou-se na cidade de Washington, de 02 de outubro de 1889 a 19 de abril de 1890, contando com a participação dos seguintes países: Argentina, Bolívia, Brasil, Chile, Colômbia, Costa Rica, Equador, El Salvador, EUA, Guatemala, Haiti, Honduras, México, Nicarágua, Paraguai, Peru, Uruguai e Venezuela (18 delegações).[19]

Seu programa foi elaborado unicamente pelos EUA e contemplou, principalmente, os seguintes assuntos: a adoção de um plano de arbitragem; o incremento do comércio e meios de comunicação; o fomento das relações comerciais recíprocas e o desenvolvimento de mercados mais amplos para os produtos de cada país americano; medidas para a formação de uma união

---

18 O Zollverein (1834-1871) previa que os produtos dos 39 estados alemães deveriam ser tributados de mesma maneira, criando uma área de livre comércio sem barreiras aduaneiras. HEILBRONER, Robert. *A História do pensamento Econômico*. São Paulo: Nova Cultural, 1996.

19 *"Conferencias Internacionales Americanas (1889-1936)"*. Washington: Dotación Carnegie para la Paz Internacional, 1938, p. 3.

aduaneira; a adoção de um sistema uniforme de pesos e medidas e a adoção de uma moeda comum.[20]

Embora a cerimônia de abertura tenha ocorrido no Salão Diplomático do Departamento de Estado no dia 2 de outubro, a Conferência foi temporariamente interrompida por 6 semanas em função de uma excursão realizada pelos plenipotenciários pelo interior dos EUA (com exceção do representante argentino), com objetivos industrias e comerciais, sendo novamente retomada em 18 de novembro de 1889.[21]

A delegação dos EUA, chefiada por James G. Blaine, era composta principalmente por grandes industriais e financistas que tinham pouca experiência no campo diplomático e lá estavam para cumprir o objetivo de ampliar o mercado exportador estadunidense. Ademais, no convite para participar do conclave, constava que esse foro diplomático só poderia fazer recomendações, sem decisões compulsórias aos países membros. Essa estratégia, que buscava atrair as nações do continente para participar da Primeira Conferência sem maiores receios dos possíveis resultados, depois foi interpretada pelos representantes dos EUA como equivocada, pois limitou a capacidade de pressão norte-americana. O mesmo não ocorreu nas Conferências seguintes, pois esperava-se que os termos acordados nos encontros fossem

---

20 "Conferencias Internacionales Americanas (1889-1936)". Washington: Dotación Carnegie para la Paz Internacional, 1938, p. 5-6.

21 BETHELL, Leslie. "O Brasil e as Conferências Pan-Americanas". In: ABREU, Alzira Alves de (org.), *Dicionário Histórico-Biográfico da Primeira República (1889-1930)*. Rio de Janeiro: CPDOC/FGV, no prelo, p. 2012.

posteriormente encaminhados aos respectivos países para serem ratificados em seus Congressos.[22]

O governo brasileiro teve três diferentes representantes na Primeira Conferência Pan-Americana: primeiro, Lafayette Rodrigues Pereira (senador), depois Salvador de Mendonça (cônsul-geral do Brasil em Nova York) e José Gurgel do Amaral Valente (ministro brasileiro em Washington). Isso se deu porque o Brasil iniciou a Conferência de Washington como Império e a terminou como República. A partir de 15 de novembro de 1889, o Ministério das Relações Exteriores brasileiro, mudou consideravelmente a sua postura em relação às demais repúblicas americanas, principalmente em relação às nações latino-americanas. Isso ocorreu porque com a Proclamação da República e a derrubada do regime monárquico fez-se necessário buscar respostas, ou anti-modelos, em outros contextos, para pensar os complexos problemas vinculados à mudança de regime político.[23]

A Grã-Bretanha, como se havia de esperar diante de tal cenário, manifestou grande oposição à realização dessa Conferência, pois temia perder para os EUA a influência política e econômica que detinha no continente. A Argentina foi a principal aliada da

---

22 CAICEDO CASTILLA, José Joaquín. *El panamericanismo*. Buenos Aires: R. Deplama, 1961.

23 Lafayette Rodrigues Pereira renunciou ao seu cargo em 27 de novembro de 1889, 12 dias após a Proclamação da República. "*Conferencias Internacionales Americanas (1889-1936)*". Washington: Dotación Carnegie para la Paz Internacional, 1938, p. 9. Vale ressaltar que Lafayette Rodrigues Pereira era um notório monarquista e Salvador de Mendonça foi um dos signatários do Manifesto Republicano de 1870. In: "História: Textos e Documentos". Disponível em: http://historia.ricafonte.com/textos/ Historia_Brasil/Império/Manifesto. Acessado em: 21/05/2007.

Inglaterra na oposição às propostas norte-americanas apresentadas na Conferência, em função de seus acordos comerciais com aquele país. Exemplo dessa resistência pode ser observado no discurso do delegado argentino, Roque Sáenz Pena, proferido no fim da Conferência de Washington, que em oposição ao lema da Doutrina Monroe, "América para os americanos", respondeu com outro lema de muito impacto: "América para a humanidade".[24]

A não adesão à proposta norte-americana de união alfandegária, fez com que a Primeira Conferência fosse percebida, por muitos países, como um fracasso da diplomacia dos EUA. O repúdio a proposta de criação de uma "Zollverein americana" foi originado, principalmente, pela postura da delegação da Argentina na liderança do voto contrário à união aduaneira, desmontando o projeto dos EUA de construir uma "união pan-americana" sob a hegemonia estadunidense. Os parcos resultados comerciais da Conferência foram as assinaturas de tratados de reciprocidade comercial, sendo o primeiro dos tratados firmado entre EUA e Brasil (31 de janeiro de 1891).[25]

De fato, o único grande avanço desse encontro foi a criação da União Internacional das Repúblicas Americanas, com um secretariado permanente, o Bureau Comercial das Repúblicas Americanas, instalado no Departamento de Estado dos EUA. Este órgão tinha como objetivo principal reunir dados sobre o comércio do continente e a publicação de boletins com esses dados

---

24 Códice: 273/3/7, 2ª Conferência Pan-Americana. Histórico da 2ª Conferência Pan-Americana.

25 *Conferencias Internacionales Americanas (1889-1936)*. Washington: Dotación Carnegie para la Paz Internacional, 1938, p. 11-46.

(tarifas, regulamentos aduaneiros, entre outros).[26] Mais adiante, a partir da Conferência de Buenos Aires, a União Internacional das Repúblicas Americanas foi a responsável pela organização das outras Conferências Pan-Americanas.

A Segunda Conferência Pan-Americana reuniu-se no México, de 22 de outubro de 1901 a 22 de janeiro de 1902, contando com a participação dos seguintes países: Argentina, Bolívia, Brasil, Chile, Colômbia, Costa Rica, Equador, El Salvador, EUA, Guatemala, Haiti, Honduras, México, Nicarágua, Paraguai, Peru, República Dominicana, Uruguai e Venezuela (19 delegações).[27]

Seu programa continha as seguintes questões: reconsideração dos pontos da Conferência anterior; arbitramento; Corte Internacional de Reclamações; meios de proteção a indústria, agricultura e comércio; desenvolvimentos das comunicações entre os países da União; regulamentos consulares de portos e aduanas; estatísticas e reorganização do Bureau Comercial das Repúblicas Americanas.[28]

Em 16 de agosto de 1900, o Ministro das Relações Exteriores do México dirigiu nota ao governo brasileiro, convidando o Brasil a se fazer representar na Segunda Conferência. O governo do Brasil aceitou o convite e como chefe da delegação foi nomeado José Hygino Duarte Pereira (ministro brasileiro no México).[29]

---

26 *Idem*, p. 3; p. 15.

27 *Idem*, p. 57-58.

28 *Idem*, p. 51. Vale ressaltar, que nessa Segunda Conferência, o Bureau Comercial das Repúblicas Americanas foi rebatizado com o nome de Bureau Internacional das Repúblicas Americanas.

29 O Ministro das Relações Exteriores brasileiro escreveu a Fontoura Xavier, então Primeiro Secretário, pedido informações sobre a data do término da Conferência. Ele respondeu que, segundo informação do Presidente da Conferência, ela encerraria os seus trabalhos em meados de janeiro de

No entanto, o Brasil teve pouco destaque neste conclave, uma vez que Duarte Pereira faleceu na Cidade do México a 10 de dezembro de 1901.

Essa Conferência estava inserida em um contexto de organização e expansão da política imperialista norte-americana para a região do Caribe. Vê-se na análise da documentação da Conferência do México (então sob a ditadura de Porfirio Diaz), que a política do *Big Stick* (Grande Porrete)[30] estava começando a se estabelecer, uma vez evidente o estilo imperialista da diplomacia empregada pelos EUA, principalmente após a Guerra Hispano-Americana, com a anexação das Filipinas, Guam e Porto Rico e o estabelecimento de um protetorado estadunidense em Cuba.

Esse incremento da influência e tentativa de controle, direta ou indireta, por parte dos EUA no continente americano, era visto com grande preocupação na Europa e em muitos países da América Latina. Segundo Ana M. Stuart:

1902. Por isso, seria inútil a nomeação de um novo delegado, que não chegaria a tempo de exercer as suas funções. Dessa forma, José Hygino Duarte Pereira não teve sucessor na Segunda Conferência Pan-Americana. Diante disso, o governo do Brasil acordou que sua missão acreditada no México seria retirada naquele momento. Códice: 273/3/7, 2ª Conferência Pan-Americana. Histórico da 2ª Conferência Pan-Americana.

30 O *Big Stick* foi a expressão usada pelo presidente Theodore Roosevelt (1901-1909) para descrever a diplomacia empregada como Corolário da Doutrina Monroe. Roosevelt utilizou pela primeira vez essa expressão na Feira Estadual de Minnesota, em 2 de setembro de 1901, doze dias antes de se tornar presidente dos EUA (quando houve o assassinato do presidente William McKinley). DENT, David W. *The legacy of the Monroe Doctrine. A reference guide to U.S. involvement in Latin America and the Caribbean.* Westport: Green-Wood Press, 1999.

No Brasil, a assinatura do Tratado de Comércio com os Estados Unidos já tinha sido objeto de duras críticas de setores com interesses econômicos industrialistas. No Congresso nacional, durante a sessão de 9 de fevereiro de 1891, o deputado Vinhaes manifestava: 'Há muito tempo que os Estados Unidos da América do Norte desejam fazer um tratado de comércio com o Brasil, tomando, já se vê, a parte do leão para si. Um dos principais paraninfos do Tratado nos Estados Unidos foi Blaine, secretário-geral do governo de Washington. Aquele estadista é conhecido no mundo como um dos mais aferrados protecionistas quando se trata de assuntos internos, tornando-se o mais exaltado livre-cambista logo que venha à baila assunto de caráter externo.[31]

Os diplomatas norte-americanos se valiam dos discursos de Theodore Roosevelt, que conclamava os EUA a assumir um papel de liderança no continente. A intenção desse corpo diplomático era proteger os interesses econômicos estadunidenses na

---

31 STUART, Ana. "Internacional: A história da Alca". Disponível em:<http:// www2.fpa.org.br/portal/modules/news/article.php?storyid=2500>. Acessado em: 06/02/08. Stuart afirma ainda que: "No plano geopolítico, a imposição da emenda Platt a Cuba, a separação do Panamá da Colômbia e a construção e posse do canal interoceânico consagraram a supremacia da potência emergente, que ganhava o reconhecimento das potências europeias. O bloqueio da Venezuela por parte da Inglaterra, Alemanha e Itália, com o objetivo de exigir o pagamento da dívida que o governo venezuelano havia suspenso, originou a tomada de posição do presidente Roosevelt, que desenharia as relações dos Estados Unidos com a América Latina e a Europa no século XX. O Estado norte-americano abandonava para sempre os sonhos dos Founding Fathers, se transformava em 'polícia do continente' e aprofundava o intervencionismo, seja pela pressão diplomática, seja por meios militares."

América Latina, o que levou à expansão da marinha e a um maior envolvimento nas questões internacionais americanas.[32]

Um dos objetivos centrais dos EUA na Segunda Conferência Pan-Americana era tentar aplacar o descontentamento dos países americanos com relação as intervenções e anexações estadunidenses. A Casa Branca usou este foro para tentar melhorar a sua imagem na região ao rebater as críticas com relação a sua política externa para a América Central e o Caribe. Essa estratégia foi bem sucedida pois, embora a Argentina tenha trabalhado durante a Conferência para condenar o intervencionismo estadunidense na América Latina, nos textos finais nada foi aprovado neste sentido.

Assim, embora a agenda da Conferência trouxesse numerosos temas, muitos deles, pendências que não haviam sido resolvidas na Conferência de Washington, a Conferência do México, assim como a Primeira, teve poucos resultados efetivos, sendo aprovadas resoluções sobre o arbitramento, o comércio interamericano e o direito internacional.[33]

A Terceira Conferência Pan-Americana reuniu-se no Rio de Janeiro de 23 a 27 de agosto de 1906, contando com a participação dos seguintes países: Argentina, Bolívia, Brasil, Chile, Colômbia, Costa Rica, Cuba, Equador, El Salvador, EUA, Guatemala, Honduras, México, Nicarágua, Panamá, Paraguai, Peru, República Dominicana e Uruguai (19 delegações).[34]

---

32 MCPHERSON, Alan. *Yankee No! Anti-americanism in. U.S. – Latin American relations.* Cambridge: Harvard University Press, 2003.

33 *Conferencias Internacionales Americanas (1889-1936).* Washington: Dotación Carnegie para la Paz Internacional, 1938, p. 59-108.

34 *Idem*, p. 120-121.

Joaquim Nabuco[35] (embaixador do Brasil nos Estados Unidos) foi nomeado chefe da delegação brasileira e, posteriormente, eleito presidente dessa assembleia, em conformidade com as Conferências anteriores que sempre elegeram os presidentes dentre os delegados ou ministros anfitriões do congresso. Por sua vez, Joaquim Francisco de Assis Brasil (ministro brasileiro em Buenos Aires) foi nomeado secretário-geral e os vice-presidentes honorários foram o Secretário de Estado dos EUA, Elihu Root e o Barão do Rio Branco, chanceler brasileiro.

Embora a realização desse encontro no Brasil não tenha sido apoiado pela Argentina e Venezuela (já que ambas queriam que a primeira Conferência Pan-Americana realizada na América do Sul ocorresse em seus respetivos países), as sessões do conclave foram inauguradas em 23 de julho de 1906, no Palácio Monroe (que era chamado de Palácio Brasil e depois recebeu o nome de Palácio Monroe em homenagem aos Estados Unidos).[36]

Após a minuciosa preparação do programa da Terceira Conferência levado a cabo por Rio Branco e Nabuco, esse se centrou nos seguintes temas: arbitramento; reclamações pecuniárias; dívidas públicas; codificação do Direito Internacional Público e Privado; naturalização; desenvolvimento das relações comerciais entre as repúblicas americanas; leis aduaneiras e consulares; privilégios e marcas de fábrica; polícia sanitária e quarentena;

---

35 A representação diplomática do Brasil se tornou embaixada nos Estados Unidos no ano de 1905 e seu primeiro embaixador foi Joaquim Nabuco. CERVO, Amado Luiz; BUENO, Clodoaldo. *História da Política Exterior do Brasil*. Brasília: UnB, 2011.

36 Códice: 273/3/10, 3ª Conferência Pan-Americana. Histórico da 3ª Conferência Pan-Americana.

estrada de ferro pan-americana; propriedade literária; exercício das profissões liberais e futuras Conferências.[37]

O Secretário de Estado norte-americano foi convidado pessoalmente por Nabuco para comparecer à Terceira Conferência Pan-Americana. Essa foi a primeira vez que um Secretário de Estado norte-americano participou de uma Conferência Pan-Americana fora dos Estados Unidos, o que representou uma vitória política para o Brasil, principalmente frente aos países da América do Sul. Ademais, os EUA tornaram sua representação diplomática no Rio de Janeiro uma embaixada, o que muito agradou a chancelaria brasileira, em especial porque o mesmo não acontecera com a Argentina, que só teria sua representação transformada em embaixada em 1914. Segundo Leslie Bethell:

> A Conferência teve lugar à sombra da mensagem anual do presidente Roosevelt ao Congresso, de 6 de dezembro de 1904, que incluía o chamado Corolário Roosevelt à Doutrina Monroe. Isso gerou bastante hostilidade nas repúblicas hispano-americanas, mas não no Brasil. Não obstante, o antiamericanismo foi mantido firmemente sob controle na conferência.[38]

Root tentou evitar que a reunião do Rio de Janeiro se transformasse em um foro de rechaço dos países latino-americanos ao imperialismo dos EUA e a sua política de intervenção e anexação na região, centrando os esforços da sua chancelaria nos temas

---

37 *Conferencias Internacionales Americanas (1889-1936)*. Washington: Dotación Carnegie para la Paz Internacional, 1938, p. iii-114.

38 bethell, Leslie. "O Brasil e as Conferências Pan-Americanas". In: abreu, Alzira Alves de (org.). *Dicionário Histórico-Biográfico da Primeira República (1889-1930)*. Rio de Janeiro: CPDOC/FGV, no prelo, p. 2012/13.

vinculados ao comércio exterior. Assim, o Secretário de Estado norte-americano esteve na Conferência em grande parte para buscar dissipar os receios com relação aos EUA e estreitar os laços com o Brasil, especialmente no intuito de tentar neutralizar a liderança da Argentina na região.[39]

A visita de Elihu Root mereceu, por parte do governo brasileiro, uma minuta de relatório de todos os estados e lugares em que ele passou, tal era a importância de sua estadia no país. Depois do encerramento da Conferência, Joaquim Nabuco, antes do seu regresso a embaixada de Washington, visitou algumas instituições no Brasil enaltecendo, ainda mais, o governo norte-americano.[40]

Apesar de a Argentina ter mantido na Conferência do Rio de Janeiro uma forte oposição em relação à política externa dos Estados Unidos (em consonância com a posição que teve na Segunda Conferência Pan-Americana), os delegados argentinos não conseguiram impedir o discurso exaltando os EUA, proferido pelo delegado Ramirez, do Uruguai, um dia antes do encerramento oficial da Conferência:

> (...) As Conferências Pan-Americanas são assembleias de homens livres que representam nações igualmente soberanas, e no debate em que aborda as questões que afetam fundamentalmente o bem da América, que é solidário ao bem da humanidade, aparece [EUA] sempre como o mais fervente

---

39 MORGENFELD, Leandro. *Argentina y Estados Unidos en las Conferencias Panamericanas (1880-1955)*. Buenos Aires: Continente, 2011, p. 135-136.

40 Códice: 273/3/14, 3ª Conferência Pan-Americana. Do Secretário da 3ª Conferência Pan-Americana, sobre a Minuta do Relatório Geral feito pelo Secretário da 3ª Conferência Pan-americana, de 13 de julho a 14 de setembro de 1906.

apóstolo da fraternidade do nosso Continente e do grande povo dos Estados Unidos. (...) Não devemos esquecer que nos acompanha em tão nobre empreendimento a nação mais poderosa da terra e que essa nação antes de ser grande por seu poder e riqueza foi forte pelas virtudes cívicas dos seus filhos e da capacidade moral dos fundadores da sua independência. Contamos com essa grandeza moral para o êxito da nossa humanitária e civilizadora tarefa, e bendizemos essa força quase onipotente, porque tem selado a fraternidade do Velho e do Novo Mundo, consagrando para sempre com nobre altruísmo da integridade do nosso Continente.[41]

É interessante notar que em todos os discursos proferidos por Elihu Root em nosso país, este valorizava o tema das relações comerciais entre as duas nações. Da parte brasileira, no que se refere aos discursos dos delegados, ministros, deputados e senadores, ressaltava-se neles o apoio de nosso país à política norte-americana (em especial Joaquim Nabuco e Assis Brasil).[42]

Desse modo, percebe-se na análise da documentação, que as questões comerciais foram o centro das discussões da Terceira Conferência, tendo como consequência muitos tratados de reciprocidade comercial entre os países da América. Foram aprovadas também, resoluções sobre o arbitramento, direitos autorais e patentes.[43] Além disso, na Terceira Conferência, estabeleceu-se que

---

41 Códice: 273/3/14, 3ª Conferência Pan-Americana. Do Secretário da 3ª Conferência Pan-Americana, sobre a Minuta do Relatório Geral feito pelo Secretário da 3ª Conferência Pan-americana, de 13 de julho a 14 de setembro de 1906.

42 *Idem.*

43 *Conferencias Internacionales Americanas (1889-1936).* Washington: Dotación Carnegie para la Paz Internacional, 1938, p. 123-147.

a União Internacional das Repúblicas Americanas teria uma sede própria financiada pelo governo dos EUA, tendo este fornecido o terreno entre a Casa Branca e o Departamento de Estado para a construção do prédio, que passou a ser um símbolo do domínio que os EUA mantinham sobre o sistema pan-americano.[44]

A Quarta Conferência Pan-Americana reuniu-se em Buenos Aires, de 12 de julho a 27 de agosto de 1910 (ano do centenário da independência da Argentina) e contou com a participação dos seguintes países: Argentina, Brasil, Chile, Colômbia, Costa Rica, Cuba, Equador, El Salvador, EUA, Guatemala, Haiti, Honduras, México, Nicarágua, Panamá, Paraguai, Peru, República Dominicana, Uruguai e Venezuela (20 delegações).[45]

A Bolívia não participou do conclave pois estava em disputa sobre questões fronteiriças com o Chile, o Paraguai e a Argentina. Já o Brasil, por pouco não participou da Quarta Conferência, ameaçando não enviar representantes a Buenos Aires em represália a escolha de Estanislau Zeballos, conhecido pelos sentimentos anti-brasileiros, para chefiar a delegação argentina. As rusgas entre Zeballos e o Itamaraty eram muito conhecidas, como se pode perceber pelo que foi publicado no jornal *Correio do Povo*, em 1 de novembro de 1908:

---

44 O prédio foi inaugurado em 1910, pouco antes da realização Quarta Conferência Pan-Americana. Como referido acima, esse edifício, sede da União Pan-Americana, construído a poucos metros da Casa Branca, fazia parte da estratégia norte-americana que procurava demostrar que o sistema pan-americano era parte da institucionalização do poder dos EUA no continente. SHEININ, David. *The Organization of American States*. New Brunswick: Transaction Publishers, 1996.

45 *Conferencias Internacionales Americanas (1889-1936)*. Washington: Dotación Carnegie para la Paz Internacional, 1938, p. 160-161.

O dr. Estanislau Zeballos acaba de publicar em Buenos Aires instruções que ele diz terem sido enviadas pelo barão do Rio Branco ao dr. Domicio da Gama, atual ministro brasileiro junto ao governo argentino. As instruções, evidentemente falsas, já foram energicamente desmentidas pelo dr. Domício da Gama. Nessas instruções, forjadas pelo dr. Zeballos, o barão do Rio Branco teria denunciado o imperialismo e a tortuosidade da política externa da República Argentina, que pretendia alcançar simultaneamente, sobre a Bolívia, o Paraguai, o Uruguai e o Rio Grande do Sul e havia também afiançado que o governo argentino reclamaria da Inglaterra, a devolução das Malvinas.[46]

Para tentar evitar o acirramento das tensões entre a Argentina e o Brasil, o presidente argentino Roque Sáenz Peña (1910-1914), visitou o Brasil em 1910, antes do início da Conferência, ocasião em que pronunciou a célebre frase "tudo nos une, nada nos separa". As desconfianças entre os dois países eram motivadas, principalmente, em função da reorganização naval do Brasil, visto pela chancelaria argentina como parte de um projeto de hegemonia do Brasil na América do Sul apoiado pelos EUA.[47]

No início de 1909, Joaquim Nabuco foi escolhido para chefiar a delegação brasileira na Conferência de Buenos Aires, mas não pode ocupar tal cargo pois faleceu em janeiro de 1910, sendo substituído por Domício da Gama (ministro brasileiro na Argentina) e Joaquim Murtinho (senador e ex-ministro da Fazenda).

---

46 "Correio do Povo", 1 de novembro de 1908. Códice: 273/3/15, 4ª Conferência Pan-Americana.

47 GARCIA, Eugênio Vargas. "A diplomacia dos armamentos em Santiago: o Brasil e a Conferência Pan-Americana de 1923". In: *Revista Brasileira de História*, São Paulo, vol. 23, n. 46, 2003.

No Programa da Quarta Conferência constavam, principalmente, os seguintes temas: instalação da Conferência; comemoração do centenário da nação argentina e da independência das repúblicas americanas; estudo das informações ou memórias apresentadas pelas delegações relativas às resoluções e convenções da Terceira Conferência; reorganização da Repartição Internacional das Repúblicas Americanas; estrada de ferro pan--americana; comunicações por meio de linhas de vapores; documentos consulares; conferências sanitárias; patentes, marcas de fábrica e propriedade intelectual e literária; intercâmbio de professores e de estudantes, resolução em honra do Congresso Científico de Santiago; comemoração de abertura do Canal do Panamá e futuras Conferências.[48]

Embora nas três primeiras Conferências a Argentina tivesse se mantido hostil às pretensões dos Estados Unidos, na Conferência de Buenos Aires adotou uma atitude de cordialidade, excluindo do programa os temas mais conflitantes. Além disso, a delegação argentina reconheceu na Quarta Conferência uma moção a Doutrina Monroe que Joaquim Nabuco havia elaborado antes de falecer.[49]

Mesmo com as intervenções e anexações dos EUA na América Central e Caribe e a chamada "Diplomacia do Dólar",[50]

---

48 *Conferencias Internacionales Americanas (1889-1936)*. Washington: Dotación Carnegie para la Paz Internacional, 1938, p. 152-154.

49 Códice: 273/3/15, 4ª Conferência Pan-Americana. Histórico da 4ª Conferência Pan-Americana.

50 A "Diplomacia do Dólar" foi uma política empregada pelo presidente estadunidense Willian Taft (1909-1913), que consistiu na concessão de empréstimos aos países latino-americanos com o objetivo de criar dependência econômica. PECEQUILO, Cristina. *A Política Externa dos EUA: Continuidade ou Mudança?* Porto Alegre: UFRGS, 2003.

essa foi a única conferência em que a Argentina não enfrentou abertamente os Estados Unidos e sua política imperialista. Isso ocorreu porque na Quarta Conferência a classe dirigente argentina, embora fosse cética com relação ao projeto pan-americano, queria demonstrar os avanços, o crescimento econômico e a modernização por que havia passado seu país. Porém, o bom entendimento entre os representantes argentinos e os estadunidenses não significou uma mudança de estratégia real da chancelaria argentina, que continuou a não ratificar em seu congresso os tratados firmados nas Conferências Pan-Americanas. Assim, a relativa distensão da Argentina não significou avanços reais ao projeto pan-americano, já que na Conferência de Buenos Aires destacaram-se, principalmente, os aspectos jurídicos.[51]

Desse modo, ainda que a Quarta Conferência tenha sido organizada minuciosamente pelo governo argentino, seus resultados foram insípidos, uma vez que foram excluídos de seu programa os assuntos conflitantes. Esta acabou por ratificar boa parte do que havia sido determinado na Conferência do Rio de Janeiro e aprovou pequenas resoluções a respeito de direitos autorias, patentes, saúde pública e direito internacional. O grande feito da Quarta Conferência Pan-Americana foi a transformação do Bureau das Repúblicas Americanas em União Pan-Americana, contribuindo para uma melhor organização das futuras Conferências.[52]

A Quinta Conferência Pan-Americana ocorreu depois de um intervalo de 13 anos da Conferência anterior, em função da

---

51 MORGENFELD, Leandro. *Argentina y Estados Unidos en las Conferencias Panamericanas (1880-1955)*. Buenos Aires: Continente, 2011, p. 150-152.

52 *Conferencias Internacionales Americanas (1889-1936)*. Washington: Dotación Carnegie para la Paz Internacional, 1938, p. 154-202.

interrupação dos trabalhos durante a Primeira Guerra Mundial. O conclave, que havia sido planejado para acontecer no ano de 1914, ocorreu apenas em 1923, organizado por Leo Stanton Rowe, diretor-geral da União Pan-Americana (1920-1946).

Assim, essa Conferência acabou por reunir-se em Santiago do Chile, de 25 de março de 1923 a 3 de maio do mesmo ano, contando com a participação dos seguintes países: Argentina, Brasil, Chile, Colômbia, Costa Rica, Cuba, Equador, El Salvador, EUA, Guatemala, Haiti, Honduras, Nicarágua, Panamá, Paraguai, República Dominicana, Uruguai e Venezuela (18 delegações).[53]

Não compareceram a este foro diplomático três países: México, Bolívia e Peru. O México não enviou representantes a Quinta Conferência Pan-Americana porque os EUA não haviam reconhecido o governo revolucionário de Alvaro Obregón. Já Bolívia e Peru não compareceram em represália ao Chile (Peru reclamava os territórios de Tacna e Arica e a Bolívia pleiteava a revisão do Tratado de Paz de 1904).

Afrânio de Mello e Franco, que havia sido o embaixador do Brasil na Liga das Nações, foi o chefe da delegação brasileira na Conferência do Chile. Sua atuação na Liga das Nações foi marcada pela malfadada tentativa brasileira de ser o representante dos países americanos ao buscar um assento permanente no Conselho de Segurança da Liga.[54]

---

53 Idem, p. 214-215.

54 A Liga das Nações, criada em 1920, é resultado do Tratado de Versalhes (1919). Após o fim da Primeira Guerra Mundial, os países signatários do Tratado de Versalhes propuseram a criação de um organismo internacional que tivesse como finalidade assegurar a paz. O objetivo central da organização era impedir as guerras e assegurar a paz, a partir de ações diplomáticas, de diálogos e negociações para a solução dos litígios internacionais.

Tendo em vista o longo período em que não se realizou uma Conferência Pan-Americana, um grande número de temas constava no programa da Quinta Conferência: estudo das disposições adotadas pelos países representados nas Conferências Pan-Americanas precedentes; organização da União Pan-Americana; estudo dos trabalhos realizados sobre a codificação do direito internacional pelo Congresso de Jurisconsultos do Rio de Janeiro; medidas destinadas a prevenir a propagação de enfermidades infecciosas; acordo pan-americano sobre leis e regulamentação da comunicação marítima, terrestre e aérea; cooperação para a inspeção das mercadorias; cooperação entre estudos agronômicos e uniformidade de estatísticas agrícolas; consideração sobre a aplicação da solução judiciária e arbitral; consideração dos melhores meios para promover a arbitragem das questões comerciais entre

---

Segundo Alexandra de Mello e Silva: "Signatário do Tratado de Versalhes, que instituiu o pacto fundador da Liga, e eleito como membro rotativo para o Conselho Executivo da organização por dois mandatos consecutivos, o Brasil aproveitou o debate em torno da reformulação daquele Conselho – cujo objetivo era o de abrigar a Alemanha – para lançar sua candidatura a membro permanente. A argumentação da diplomacia brasileira baseava-se, então, no prestígio internacional de que o país já desfrutava, produto de atributos nacionais (dimensões continentais e demográficas, peso dentro da América do Sul); de uma já consolidada tradição diplomática (pacifismo, defesa da igualdade soberana das nações, respeito ao Direito Internacional) e mesmo do fato de ter sido a única nação latino-americana a participar militarmente da I Guerra Mundial. Desse ponto de vista, a candidatura brasileira se apresentava como 'natural', tendo em vista a posição única ocupada pelo país na América do Sul e suas fortes ligações com os EUA e a Europa, que lhe conferiam uma posição de prestígio dentro da Liga". In: SILVA, Alexandra de Mello e. "Ideias e política externa: a atuação brasileira na Liga das Nações e na ONU". In: *Revista Brasileira de Política Internacional*, Brasília, vol. 41, n. 2, dez. 1998, p. 149.

cidadãos de diferentes países; consideração de redução e limitação de despesas militares e navais em uma base justa e praticável; consideração de estudos universitários e intercâmbio de títulos profissionais; consideração das questões que resultem de um ato de uma potência não americana atentatória aos direitos de uma nação americana e plano de proteção de documentos arqueológicos e outros necessários para a formação de uma história americana.[55]

O tema da Primeira Guerra Mundial e seus desdobramentos para os países do continente americano permeou boa parte das discussões da Quinta Conferência, uma vez que o assunto crucial do encontro foi à questão do armamento/desarmamento. No entanto, embora tenha ocorrido um intenso debate sobre a necessidade de reduzir as armas no continente americano, houve apenas uma resolução em favor do desarmamento. Pela análise da documentação, vemos que o resultado mais concreto dessa Conferência foi o Pacto Gondra, tratado firmado para evitar ou prevenir conflitos entre os Estados Americanos. Segundo Eugênio Vargas Garcia:

> A delegação brasileira colaborou ativamente nas negociações que resultaram naquele Tratado [Pacto Gondra]. Esse seria um meio de mostrar que o Brasil estava realmente comprometido com a paz na região (....) e que também estava disposto a cooperar construtivamente para esse nobre fim. Se a Conferência havia falhado como prévia regional das discussões gerais sobre o desarmamento em nível universal, pensava-se, o novo Tratado bem poderia servir como exemplo do espírito de conciliação prevalecente nas Américas, ao

---

55 *Conferencias Internacionales Americanas (1889-1936)*. Washington: Dotación Carnegie para la Paz Internacional, 1938, p. 206-208.

contrário do que sucedia na Europa, mostrando quão efetivo e progressista ainda era o pan-americanismo.[56]

A questão da política expansionista e intervencionista dos EUA também marcou este congresso, em especial por conta das intervenções estadunidenses na Nicarágua[57] (1912-1925) e no Haiti (1915-1934),[58] o que gerou um sentimento anti-intervencionista e anti-estadunidense entre os países americanos. Os EUA não queriam abandonar o "direito à intervenção", por isso empreenderam uma ativa campanha para evitar qualquer resolução na Conferência que criticasse sua política externa para a América Latina.[59]

---

56 GARCIA, Eugênio Vargas. "A diplomacia dos armamentos em Santiago: o Brasil e a Conferência Pan-Americana de 1923". In: *Revista Brasileira de História*, São Paulo, vol. 23, n. 46, 2003, p. 192. O Pacto Gondra tem o nome em homenagem a Manuel Gondra, ex-presidente do Paraguai e representante de seu país na Quinta Conferência.

57 As intervenções militares dos EUA na Nicarágua foram projetadas para impedir a construção do Canal da Nicarágua por qualquer país, com exceção do próprio EUA. A Nicarágua assumiu um estatuto de quase-protetorado sob o Tratado Bryan-Chamorro (1916). A ocupação terminou com Augusto César Sandino, em 1933. TIJERINO, Frances Kinloch. *História da Nicarágua*. Manágua: Instituto de Historia de Nicaragua y Centroamérica, Universidad Centroamericana, 2006.

58 As intervenções dos EUA no Haiti tinham como principal argumento reestruturar a economia e acabar com a instabilidade institucional do país a fim de cobrar a dívida externa. Em 1905, os EUA controlaram as alfândegas e, em 1915, invadiram militarmente a ilha e assumiram o governo. Em 1934, o governo estadunidense retirou suas tropas e, em 1941, abdicou do controle alfandegário. DENT, David W. *The legacy of the Monroe Doctrine. A reference guide to U.S. involvement in Latin America and the Caribbean.* Westport: Green-Wood Press, 1999.

59 MORGENFELD, Leandro. *Argentina y Estados Unidos en las Conferencias Panamericanas (1880-1955)*. Buenos Aires: Continente, 2011, p. 194-199.

Ademais, vale ressaltar que os representantes da Costa Rica argumentaram em favor de uma "pan-americanização" da União Pan-Americana, ou seja, trabalharam para retirar o monopólio que os EUA detinham, desde a Conferência de Washington, sobre a União Pan-Americana, já que o cargo máximo desse órgão era sempre ocupado pelo Secretário de Estado norte-americano. No entanto, tal iniciativa não obteve resultados favoráveis, uma vez que a chancelaria dos EUA dedicou-se nos bastidores do encontro a manter o controle sobre o órgão.[60]

Por outro lado, esta Conferência representou o limite da política estadunidense em nível continental e prenunciou as mudanças que aconteceriam nos anos 1930 sob o governo Roosevelt, quando a política do *Big Stick* foi substituída pela política da *Good Neighbor Policy* (Política da Boa Vizinhança). Essa política foi o paradigma da política externa estadunidense de 1933 a 1945 e baseava-se no ideal de não-intervenção militar na região a partir do fortalecimento de laços diplomáticos e comerciais entre EUA e América Latina.[61]

Finalmente, a Sexta Conferência Pan-Americana reuniu-se em Havana, de 16 de janeiro a 20 de fevereiro de 1928, contando com a participação dos seguintes países: Argentina, Brasil, Bolívia, Chile, Colômbia, Costa Rica, Cuba, Equador, El Salvador, EUA, Guatemala, Haiti, Honduras, México,

---

60 BETHELL, Leslie. "O Brasil e as Conferências Pan-Americanas". In: ABREU, Alzira Alves de (org.). *Dicionário Histórico-Biográfico da Primeira República* (*1889-1930*). Rio de Janeiro: CPDOC/FGV, no prelo, p. 2012/13.

61 SMITH, Joseph. *The United States and Latin America. A history of American diplomacy, 1776-2000*. Nova York: Routledge, 2005.

Nicarágua, Panamá, Paraguai, Peru, República Dominicana, Uruguai e Venezuela (21 delegações).[62]

Também para a Sexta Conferência, um extenso programa foi elaborado pelo Conselho Diretor da União Pan-Americana, porém, em Havana, os organizadores decidiram diminuir o número de assuntos uma vez que era uma preocupação dos países envolvidos, não tratar de muitos temas ao mesmo tempo, como ocorrera na Conferência anterior. Dessa forma, os principais temas foram os seguintes: União Pan-Americana; ordem jurídica interamericana e cooperação intelectual; problemas de comunicação, econômicos e sociais; informações sobre tratados, convenções e resoluções e futuras conferências.[63]

Foi nomeado como chefe da delegação brasileira Raul Fernandes, embaixador do Brasil em Bruxelas e delegado brasileiro na Liga das Nações. Coincidindo intencionalmente com a abertura do congresso, o presidente dos Estados Unidos, Calvin Coolidge, resolveu fazer uma visita a Cuba onde fez um inflamado discurso na sessão inaugural da Conferência no Teatro Nacional em Havana:

> Uma atitude de paz e boa vontade prevalecerá entre as nossas nações. A determinação de ajustar as diferenças entre nós, não pelo uso da força, mas pela aplicação dos princípios de justiça e equidade, é uma das nossas mais fortes características. A soberania das nações pequenas será respeitada.[64]

---

62 *Conferencias Internacionales Americanas (1889-1936)*. Washington: Dotación Carnegie para la Paz Internacional, 1938, p. 300-301.

63 *Idem*, p. 290-99.

64 COOLIDGE, Calvin. "Address Before the Pan American Conference at Havana, Cuba". Disponível em: http://www.presidency.ucsb.edu/ws/index.php?pid=443. Acessado em: 14/03/2007 [tradução minha].

No entanto, o receio dos países latino-americanos com relação aos EUA era muito grande e, mesmo com os enormes esforços da chancelaria estadunidense para evitar a qualquer custo a temática das intervenções e anexações na América Central e Caribe, na primeira sessão da Conferência, foram hasteadas todas as bandeiras dos países participantes e a bandeira da Nicarágua recebeu uma grande ovação (ao contrário das demais bandeiras que receberam um aplauso sereno), o que demonstrou claramente o sentimento anti-intervencionista e anti-estadunidense entre as nações latino-americanas.[65] Segundo Leslie Bethell, esta Conferência representou o ponto mais baixo nas relações interamericanas:

> A conhecida declaração de Hughes [Charles Evans Hughes – ex-secretário de Estado norte-americano] de que os Estados Unidos não tinha intenção alguma de intervir na América Latina, mas quando as vidas de seus cidadãos estivessem ameaçadas devido à falta de proteção oferecida pelos governos locais a "interposição de uma intervenção temporária" inevitavelmente se seguiria, não foi capaz de apaziguar os delegados da América Espanhola [na Conferência Pan-Americana].[66]

Na Conferência de Havana os representantes argentinos de fato enfrentaram a delegação estadunidense, numa postura aguerrida muito semelhante a posição tomada na Primeira Conferência, em especial no que diz respeito as intervenções militares na região e as tarifas alfandegárias baseadas na política protecionista levada

---

65 MORGENFELD, Leandro. Argentina y Estados Unidos en las Conferencias Panamericanas (1880-1955). Buenos Aires: Continente, 2011, p. 194 [tradução minha].

66 BETHELL, Leslie. "O Brasil e as Conferências Pan-Americanas". In: ABREU, Alzira Alves de (org.), Dicionário Histórico-Biográfico da Primeira República (1889-1930). Rio de Janeiro: CPDOC/FGV, no prelo, p. 2012/13.

a cabo pela Casa Branca.[67] No dia 4 de fevereiro, durante uma reunião do Comitê de Direito Público Internacional, Honório Pueyrredon (embaixador argentino nos EUA e chefe da delegação argentina) introduziu pela primeira vez numa Conferência Pan-Americana uma declaração aberta contra as intervenções militares dos EUA. Em apoio as nações da América Central e Caribe, Pueyrredon defendeu a soberania de cada nação no hemisfério e se colocou contra qualquer "intervenção armada ou diplomática, seja permanente ou temporária".[68]

Assim como ocorreu na Quinta Conferência, em 1928, outra vez se tentou retirar o monopólio dos EUA sobre a União Pan-Americana, a partir de uma proposta baseada na renovação anual dos cargos de presidente, vice-presidente e diretor-geral do órgão (ordem alfabética e revezamento entre os países-membros). Porém, mais uma vez, os EUA conseguiram barrar tal iniciativa, mantendo o controle sobre a estrutura institucional pan-americana.[69]

O principal resultado da Conferência de Havana parece ter sido a aprovação do Código de Direito Internacional Privado Americano (ou Código Bustamante), que vinha sendo discutido desde a Primeira Conferência.[70] O código foi chamado de

---

67 MCPHERSON, Alan. *Yankee No! Anti-americanism in. U.S. – Latin American relations.* Cambridge: Harvard University Press, 2003.

68 Códice: 273/3/17, 6ª Conferência Pan-Americana. Histórico da 6ª Conferência Pan-Americana.

69 Conferencias Internacionales Americanas (1889-1936). Washington: Dotación Carnegie para la Paz Internacional, 1938, p. 358-364.

70 SHEININ, David. *Argentina and the United States at the Sixth Pan American Conference (Havana 1928).* Londres: Institute of Latin American Studies/ University of London, 1991.

Bustamante em homenagem ao presidente da Sexta Conferência Pan-Americana, Antônio Bustamante. Este tratado pretendeu estabelecer uma normativa comum para o continente sobre o direito internacional privado no intuito de evitar conflitos entre as leis nacionais e internacionais.[71]

Assim, de uma forma geral, embora as Conferências Pan-Americanas sejam percebidas na historiografia das relações internacionais como parte de um corolário natural da política dos EUA, esses encontros possibilitaram, ao mesmo tempo, a ampliação de um espírito de solidariedade continental e um espaço de disputa entre os países da região. Mesmo reafirmando a hegemonia norte-americana em grande parte das reuniões, isso não se deu sem resistência, pois a maior parte dos Estados latino-americanos, ameaçados pelo ímpeto conquistador estadunidense, tentaram fugir de qualquer proposta de união que os prejudicassem.

Em seguida, no próximo capítulo, analisaremos os dois discursos identitários que identificamos nas Conferências Pan-Americanas: o pan-americano e o latino-americano.

---

71 Conferencias Internacionales Americanas (1889-1936). Washington: Dotación Carnegie para la Paz Internacional, 1938, p. 302-350.

2

A QUESTÃO DAS IDENTIDADES

DESDE O INÍCIO DE NOSSA PESQUISA buscamos compreender como se configuraram as construções identitárias no contexto das Conferências Pan-Americanas (1889 a 1928). Assim, a partir da documentação estudada, foi-nos possível encontrar dois diferentes discursos: o do pan-americanismo e o do latino-americanismo.

O primeiro discurso identitário, o pan-americano, era o oficial das Conferências Pan-Americanas, construído especialmente pelos delegados norte-americanos que participaram dessas assembleias. O país que mais se opôs formalmente a este discurso foi a Argentina, ao pregar na Primeira Conferência que a América deveria se "voltar para Humanidade" e não para si mesma.[1]

Já o segundo discurso, o latino-americano, foi forjado a partir das disputas que tiveram lugar durante as Conferências Pan-Americanas. Foi elaborado principalmente pelos delegados argentinos com o intuito de frear os avanços (anexações/intervenções) norte-americanos e de alçar a Argentina à posição de

---

1 Códice: 273/3/17, 1ª Conferência Pan-Americana. Histórico da 1ª Conferência Pan-Americana.

líder dos países latino-americanos, destacando-se a disputa pela hegemonia na América do Sul.

Com relação à diplomacia brasileira, vemos que nosso país, na maior parte das contendas, tentava manter uma posição neutra, no limiar entre esses dois discursos identitários. Assim, quando convinha, a chancelaria brasileira se aproximava dos Estados Unidos e, consequentemente, se valia do discurso pan-americano, principalmente se isso aumentasse seu poder de influência nas Conferências Pan-Americanas (este é o caso do tema do arbitramento). Outras vezes, a diplomacia brasileira se aproximava dos demais países latino-americanos, especialmente quando estavam em jogo, na perspectiva do Itamaraty, acordos que prejudicassem os interesses nacionais brasileiros (principalmente no campo da economia, cujo melhor exemplo é a proposta de união aduaneira).

Em seguida, analisaremos como se configuraram estes dois discursos identitários, o pan-americano e o latino americano, nas seis Conferências Pan-Americanas estudadas. Ademais, nos dedicaremos a compreender a posição do Ministério das Relações Exteriores do Brasil em relação a esses dois discursos.

A IDENTIDADE PAN-AMERICANA

A bibliografia dedicada ao tema do pan-americanismo ou das Conferências Pan-Americanas vem trabalhando esses assuntos preocupada principalmente com as relações entre o Brasil e os Estados Unidos ou entre os países hispânicos e os Estados Unidos.[2] Acreditamos que isso se deve à forte ingerência

---

2 Podemos compreender melhor este assunto em: BANDEIRA DE MELLO, Affonso de Toledo. *O Espírito do Pan-Americanismo*. Rio de Janeiro: MRE, 1956; BANDEIRA, Luiz A. Muniz. *Estado Nacional e Política Internacional*

norte-americana nas Conferências, pois em muitos documentos, podemos perceber que a tentativa de controle por parte dos delegados estadunidenses foi bastante contumaz.[3]

Além disso, as Conferências Pan-Americanas podem ser entendidas como expressão da hegemonia dos EUA sobre o restante da América, principalmente: nas deliberações das pautas das Conferências privilegiando os seus interesses (o controle dos assuntos dava-se desde a proposição de temas nas reuniões preparatórias até as sessões propriamente ditas); a troca de votos por acordos comerciais nos bastidores do conclave (especialmente em relação aos acordos bilaterais entre os EUA e as demais nações do continente) e a sua política de intervenção e anexação

---

na América Latina: o Continente nas Relações Argentina-Brasil (1930-1992). Brasília: UnB, 1993; CARVALHO, Carlos Delgado de. *História Diplomática do Brasil.* São Paulo: Companhia Editora Nacional, 1959; CERVO, Amado Luiz. *Relações Internacionais na América Latina: Velhos e Novos Paradigmas.* Brasília: Funag, 2001; CERVO, Amado Luiz; BUENO, Clodoaldo. *História da Política Exterior do Brasil.* São Paulo: Ática, 1992; DENT, David W. *The legacy of the Monroe Doctrine. A reference guide to U.S. involvement in Latin America and the Caribbean.* Westport: Green-Wood Press, 1999; MCPHERSON, Alan. *Yankee No! Anti-americanism in. U.S. – Latin American relations.* Cambridge: Harvard University Press, 2003; SANSÓN-TERÁN, José. *El interamericanismo en marcha. De Bolivar y Monroe al rooseveltianismo.* Cambridge: Harvard University Press, 1949 e VÁSQUEZ GARCÍA, Humberto. *De Chapultepec a la OEA: apogeo y crisis del panamericanismo.* La Habana: Editorial de Ciencias Sociales, 2001.

3   Códice: 273/3/17, 1ª Conferência Pan-Americana. Histórico da 1ª Conferência Pan-Americana. Códice: 273/3/7, 2ª Conferência Pan-Americana. Histórico da 2ª Conferência Pan-Americana. Códice: 273/3/15, 4ª Conferência Pan-Americana. Histórico da 4ª Conferência Pan-Americana. Códice: 273/3/16, 5ª Conferência Pan-Americana. Histórico da 5ª Conferência Pan-Americana. Códice: 273/3/17, 6ª Conferência Pan-Americana. Histórico da 6ª Conferência Pan-Americana.

na América Central e no Caribe (os EUA conseguiram evitar na maior parte das Conferências a discussão do tema).

Com relação à organização das Conferências Pan-Americanas, os Estados Unidos praticamente comandavam a formulação dos assuntos que seriam discutidos, pois antes de cada assembleia sempre havia uma reunião preparatória na sede da União Pan-Americana[4] em Washington (vale lembrar que por um longo período os cargos de presidência, vice-presidência e diretoria-geral do órgão eram de exclusividade estadunidense).

Essas reuniões eram palco de intensos debates, acordos, alianças e também divergências. Acreditamos que os maiores embates de posicionamentos políticos dos países americanos se davam nessas ocasiões, pois após essas reuniões podia-se prever o que aconteceria nas Conferências, ou seja, os argumentos eram cuidadosamente construídos, as posições tomadas, o desenho das resoluções delineado, as recomendações ou convenções eram configuradas e desse modo havia lugar para poucas surpresas ou mudanças de posicionamento por alguns países. A maior exceção a essa previsão diz respeito ao rechaço a proposta de união aduaneira apresentado na Primeira Conferência. Pela análise da documentação, vemos que o Secretário de Estado norte-americano, James Blaine, surpreende-se consideravelmente com a negativa por parte dos países da região. Os jornais estadunidenses do período especulavam afirmando que Blaine pretendia usar "os bons

---

4   Como afirmamos no capítulo anterior, o Bureau Comercial das Repúblicas Americanas foi criado na Primeira Conferência Pan-Americana. Rebatizado com o nome de Bureau Internacional das Repúblicas Americanas na Segunda Conferência, na Quarta Conferência modificou-se o nome novamente e passou a se chamar União Pan-Americana.

frutos" da Conferência para angariar apoio para uma nova candidatura à presidência dos EUA.[5]

Além do controle das reuniões preparatórias, nas sessões propriamente ditas das Conferências, os delegados dos EUA faziam valer o seu poderio econômico para forçar o estabelecimento da sua agenda de política externa para a América. José Hygino Duarte Pereira, delegado brasileiro na Segunda Conferência do México, em carta enviada ao Ministro das Relações Exteriores, Olyntho de Magalhães, reclamava da preponderância norte-americana no controle das Conferências e suas respectivas Comissões:

> (...) as instruções da delegação norte-americana lhe recomendam que deixes a direção do trabalho da Conferência às delegações ibero-americanas, mas, na realidade, são eles que tudo dirigem por trás da cortina, fazendo valer a sua enorme influência sobre as repúblicas da América Central, do Haiti, São Domingos, da parte setentrional da América do Sul e sobre o México, as quais todas giram na órbita da política

---

5 Códice: 273/3/10, 1ª Conferência Pan-Americana. Uma parte muito interessante das fontes que estudamos no mestrado contém recortes de jornais, pois os delegados eram obrigados a prestar relatórios sobre as Conferências aos seus chanceleres. A maior parte desses recortes apresenta trechos dos principais jornais dos países que participaram das Conferências, pois o Itamaraty entendia ser importante estar a par do que os jornais escreviam antes, durante e depois das Conferências Pan-Americanas. Vários recortes de jornais da Primeira Conferência tratam das supostas aspirações do Secretário de Estado James Blaine à presidência da República. Segundo estes jornais, Blaine, que já havia se candidatado em 1884, dependia dos resultados positivos da Primeira Conferência para obter êxito na indicação para concorrer a presidência pelo Partido Republicano.

dos Estados Unidos. Essa influência fez-se bem sentir no número e composições das Comissões da Conferência.[6]

Entre os recortes de jornais selecionados pelos delegados brasileiros presentes na Segunda Conferência, foi-nos possível analisar um trecho do periódico *El País* do México, que continha um artigo indicando que os EUA tinham medo de perder seu prestígio no continente, pois eram acusados de controlar os foros de discussão de assuntos comuns aos países americanos. Para enfrentar tal problema, o jornal afirmava que os EUA faziam uma campanha no intuito de recobrar seu prestígio e desvanecer os temores e as desconfianças, angariando simpatias e restabelecendo a poderosa influência que indubitavelmente gozavam em algumas nações, principalmente nos países da América Central e do Caribe.[7]

Ademais, em muitos recortes de jornais estadunidenses (selecionados pelos diplomatas brasileiros) que tratavam do pan-americanismo e que contavam com a participação de delegados e funcionários do governo norte-americano em seus editoriais, pode-se perceber de forma recorrente, o uso das expressões "os países ao sul de nós" e "os países ao sul do Rio Grande" (seja nos jornais controlados por democratas ou por republicanos).[8] Ao

---

6 Códice: 273/3/6, 2ª Conferência Pan-Americana. Carta enviada ao Ministro das Relações Exteriores - Olyntho de Magalhães de José Hygino Duarte Pereira. Delegado do Brasil – Relatório sobre o início, desenvolvimento, organização e resumo dos acontecimentos da 2ª Conferência. Índice: Remessa de atas e discursos, 1ª seção, n. 1 (11-12-1901).

7 Códice: 273/3/7, 2ª Conferência Pan-Americana. Jornal "El País", Documentos n. 1, n. 2, n. 3.

8 Códice: 273/3/4, 1ª Conferência Pan-Americana. Jornal "New York Harold" de 30 de agosto de 1890.

Sul, segundo a perspectiva de alguns desses jornais, estariam os países que compunham o "resto" da América.[9]

Essa situação parece que se deve a dois grandes fatores: o primeiro seria um desinteresse dos estadunidenses em diferenciar os países abaixo da fronteira, em buscar as especificidades de cada nação; e em segundo lugar, um interesse em formar um bloco, entendendo que "os países ao sul de nós/do Rio Grande" eram essencialmente "agrários", "incivilizados", com um passado colonial muito aproximado, países perfeitos para escoar a produção industrial norte-americana através de tratados de reciprocidade comercial ou da instituição de uma união aduaneira. Nos recortes de jornais descreve-se o outro (o restante da América) em termos de um déficit ou vácuo perene, e atribui-se sentido ao papel civilizatório dos norte-americanos na região, ideologia fortemente baseada no "Destino Manifesto", pensamento que expressa a crença de que o povo estadunidense foi eleito por Deus para comandar o mundo, advindo daí a ideia de que o expansionismo norte-americano seria apenas o cumprimento da vontade Divina.[10] Segundo Ricardo Salvatore:

---

9 Códice: 273/3/5, 1ª Conferência Pan-Americana. Jornal "Columbus" de 29 de outubro de 1889; jornal "Gazette" de 27 de janeiro de 1890; jornal "Inter Ocean" de 19 de abril de 1890; jornal "Washington Post" de 31 de julho de 1890; jornal "New York Tribune" de 23 de julho de 1890, jornal "New York World" de 16 de agosto de 1890; jornal "New York Tribune" de 5 de setembro de 1890.

10 Para Ricardo Salvatore: "Mais do que ter sido guiado por uma única lógica, o encontro pós-colonial produziu uma massa de representações repartidas em discursos sobre os outros e a missão que competiam entre si. As razões para um império informal confrontavam argumentos de interesses econômicos, de benevolência, de reforma moral, de conhecimento e de 'interesses nacionais'. Similarmente, vários produtores textuais (pertencentes a

Três argumentos sobre a América do Sul constituem o legado dos primevos encontros textuais feitos por norte-americanos. Um deles foi a disposição em ver a América do Sul como um lugar que estava como que numa infância perpétua, incapaz de alcançar a maturidade política necessária para sustentar governos democráticos e estáveis. Outro motivo era aquele relacionado com a mistura racial atípica da região, algo que era apresentado como uma grande diferença em comparação com a América do Norte. O terceiro argumento era uma preocupação com o 'atraso' econômico e a falta de 'civilização' da região, sendo esses predicados dos outros dois argumentos (instabilidade política e miscigenação).[11]

É importante observar que a construção de uma imagem "superior" dos estadunidenses, carregada de "civilização" e a única no continente capaz de concorrer com a Europa, não foi uma ideia construída apenas pelos norte-americanos, pois o Brasil teve um grande exemplo de diplomata "americanófilo" que se destacou na Terceira Conferência Pan-Americana: Joaquim Nabuco. Sem dúvida, o discurso mais entusiasta proclamado na Conferência do Rio de Janeiro foi o dele, como se pode observar no trecho a seguir:

---

distintas comunidades interpretadoras ou profissionais) elaboraram visões competitivas da América do Sul [bem como do restante da América]. A região era imaginada ou como um grande mercado em potencial, ou como um impressionante experimento de misturas raciais e de republicanismo, ou como alvo para a colonização missionária, como uma reserva de 'evidências' para as ciências naturais, ou, ainda, como um local para a regeneração da 'humanidade', e por aí vai." SALVATORE, Ricardo D. "The Enterprise of Knowledge: Representational Machines of Informal Empire". In: LEGRAND, Catharine C.; SALVATORE, Ricardo D. (orgs.). *Close Encounters of Empire: Writing the Cultural History of. U.S. – Latin American Relations.* Durham: Duke University Press, 1998, p. 71 [tradução minha].

11 *Idem*, p. 74 [tradução minha].

Esta é a primeira vez que um Secretário de Estado Americano visita oficialmente nações estrangeiras, e alegramo-nos ter sido essa a primeira visita reservada para a América Latina. Vós encontrareis em toda ela a mesma admiração pelo vosso grande país, cuja influência no adiantamento da cultura moral, da liberdade política, do direito internacional, já começou a contrabalançar a do resto do mundo. Com essa admiração encontrareis também o sentimento de que não vos podereis elevar sem levantardes convosco o Continente todo e de que em tudo que realizardes nós teremos nossa parte de progresso.[12]

Destacam-se também nas outras Conferências estudadas, muitos discursos de defesa da nação norte-americana, tanto assim, que em todas as aberturas das assembleias, seus presidentes convidavam para discursar nas sessões inaugurais os presidentes da delegações estadunidenses. Dentro dessa linha, na Conferência do Rio de Janeiro, além dos discursos inflamados de Joaquim Nabuco, a Delegação do México propôs que a Conferência celebrasse uma sessão especial para receber Elihu Root, Secretário de Estado dos EUA.[13] Ainda nessa mesma Conferência, o governo brasileiro mudou o nome do Palácio Brasil para Palácio Monroe e nesse local celebrou-se a primeira sessão e o encerramento da Terceira Conferência Pan-Americana.[14]

---

12 Códice: 273/3/4, 3ª Conferência Pan-Americana. Discurso de Joaquim Nabuco (Ata da Sessão Solene - 31.07.1906).

13 Códice: 273/3/11, 3ª Conferência Pan-americana. Proposta da Delegação do México à Presidência da 3ª Conferência, em 23.07.1906.

14 Códice: 273/3/14, 3ª Conferência Pan-americana. Discurso no banquete oferecido pelo governo brasileiro para os oficiais dos Estados Unidos (sem autoria e data).

Essa imagem de superioridade norte-americana anteriormente descrita, entrava diretamente em conflito com os ideais pan-americanos promovidos pelas Conferências, que pregavam a busca por um passado comum,[15] ou seja, a procura por características comuns a todas as nações da América:

> [Nesta reunião] se cultivarão e fortalecerão de novo as simpatias que nos inspiraram mutuamente, a comunidade já seja da língua e de raça, já seja de instruções políticas, hoje substancialmente idênticas nas nações deste hemisfério, (...) [com] a pretensão de formar um mundo a parte, (...) [assim nós] nos permitiremos reconhecer que a América tem interesses especiais e vínculos mais estreitos entre seus habitantes, com menos complicações internacionais para alcançar o bem dos povos.[16]

Reutilizando as ideias de Bolívar a respeito da união dos países americanos, na década de 1880, os EUA fizeram ressurgir a Doutrina de Monroe após terem resolvido seus conflitos

---

15 Vale ressaltar que essa tentativa de construção de um passado comum rumo a um futuro em conjunto só foi possível depois que o Brasil se tornou uma república, pois o Império brasileiro muito se afastava das possibilidades de união do continente. Salvador de Mendonça (delegado brasileiro na Primeira Conferência), entusiasmado republicano (um dos signatários do Manifesto Republicano de 1870) enfaticamente afirma que: "É talvez questão de raça, mas para nós sentimento quer dizer muito, e a bússola no Brasil desde meados de novembro passado aponta numa direção diversa da que apontava antes; o nosso norte agora é procurado por um meridiano alguns graus a oeste do antigo meridiano seguido e perdido com o Império." Códice: 273/3/4, 1ª Conferência Pan-Americana. Histórico da 1ª Conferência Pan-Americana.

16 Códice: 273/3/6, 2ª Conferência Pan-Americana. Carta do Secretário das Relações Exteriores do México – I. Mariscal, 15 de agosto de 1890, enviada ao Ministro das Relações Exteriores do Brasil, Olyntho Magalhães.

internos com o fim da Guerra de Secessão. Desse modo, a ideia que constituiu a base dessa doutrina transformou-se e passou a justificar o papel hegemônico dos EUA sobre as outras partes do continente. Assim, para divulgar o pan-americanismo, os EUA promoveram na imprensa dos países latino-americanos a propaganda da Doutrina Monroe, tentando ao mesmo tempo disseminar suspeitas às políticas coloniais de algumas potências europeias (Inglaterra, França e Espanha). Essa campanha teve por fim distrair a atenção quanto às ações imperialistas dos EUA, que se proclamavam "os protetores da América".[17]

Como nos referimos no capítulo anterior, embora as Conferências Pan-Americanas lideradas pelos EUA pregassem a paz e a harmonia entre as nações da América e, a Doutrina de Monroe na sua primitiva interpretação fosse contrária as disputas entre as nações americanas, houve uma série de anexações e intervenções estadunidenses em países latino-americanos que colocaram em cheque a proposta pan-americana.

Em função do que foi mencionado acima, reinava um conflito entre a intelectualidade latino-americana no modo de se interpretar a doutrina de Monroe e o pan-americanismo. Isso pode ser observado no caso brasileiro a partir da disputa travada entre Joaquim Nabuco e Oliveira Lima, pois a respeito do pan-americanismo, esses diplomatas ocupavam lados opostos, uma vez que

---

17 SANTOS, Luís Claudio Villafañe Gomes. *O Brasil entre a América e a Europa: o Império e o Interamericanismo (do Congresso do Panamá à Conferência de Washington)*. São Paulo: Editora Unesp, 2003.

Joaquim Nabuco era um grande defensor do pan-americanismo e Oliveira Lima o maior crítico desta política dentro do Itamaraty.[18]

Joaquim Nabuco foi um dos intelectuais mais importantes de seu tempo, mais conhecido por ter sido o "patrono da abolição". Constituiu-se no maior advogado do pan-americanismo que o Brasil já teve. Embora sua admiração pelos EUA viesse de longa data, tendo inclusive afirmado à sua mulher que desejava educar seus filhos naquele país,[19] suas relações com a América do Norte incrementaram-se, quando Nabuco se tornou o primeiro Embaixador do Brasil em Washington, em 1905. O intelectual pernambucano tinha confiança que os EUA eram o melhor exemplo de uma república presidencialista e via a liderança desse país na região como natural. Além disso, acreditava fortemente na Doutrina Monroe e na sua capacidade de afastar a América da Europa:

---

18 Luís Cláudio V. G. Santos acredita que o objetivo central das primeiras gerações de intelectuais da República foi reinserir o Brasil na América e superar o "atraso" gerado pela colonização e pela monarquia portuguesa. Neste contexto, identifica duas vertentes de debate sobre a identidade brasileira, as quais engendraram as ideias do "atraso nacional": uma baseada nas relações entre o meio e a raça (que valorizava a mestiçagem) e outra assentada numa visão antilusitana e antiafricana (que valorizava o americanismo – seja o pan-americanismo ou o latino-americanismo). SANTOS, Luís Cláudio Villafañe Gomes. *O dia em que adiaram o Carnaval: política externa e a construção do Brasil*. São Paulo: Editora Unesp, 2010.

19 Em carta de Nabuco para sua esposa: "Esta manhã um terremoto; o telegrama de Rio Branco oferecendo-me Washington. Vou pensar muito antes de responder; pensa e reza, certa de que nenhum dever pode ser recusado. Lá está talvez o futuro dos nossos filhos. Eu sempre desejei educá-los lá". In: NABUCO, Carolina. *A Vida de Joaquim Nabuco*. São Paulo: Companhia Editora Nacional, 1929, p. 406.

Ninguém é mais do que eu partidário de uma política exterior baseada na amizade com os Estados Unidos. A doutrina de Monroe impõe aos Estados Unidos uma política externa que se começa a desenhar, e, portanto, a nós todos também a nossa. Em tais condições a nossa diplomacia deve ser principalmente feita em Washington. Uma política assim valeria o maior dos exércitos e a maior das marinhas (...) Para mim a doutrina de Monroe (...) significa que politicamente nós nos desprendemos da Europa tão completamente e definitivamente como a lua da terra. Nesse sentido é que sou Monroista.[20]

Nabuco procurava modificar a todo custo as disposições anti-estadunidenses de seus amigos diplomatas e de políticos influentes, principalmente com relação as intervenções e anexações norte-americanas. Ele acreditava na "imensa influência moral que os Estados Unidos exercem sobre a marcha da civilização" e via aquele país como "uma vasta zona neutra de paz e de livre competição humana".[21] Em uma carta dirigida ao presidente Afonso Pena (recém eleito),[22] Nabuco reafirmava sua confiança na aproximação do Brasil com os EUA:

---

20 ANDRADE, Olímpio de Souza. *Joaquim Nabuco e o Pan-Americanismo.* São Paulo: Companhia Editora Nacional, 1950, p. 52-53.

21 *Idem,* p. 67.

22 Joaquim Nabuco também chegou a escrever para Campos Sales a respeito das relações de força no conserto internacional: "Minha impressão é que para todos os países da Europa e da América o problema externo tende cada dia mais a sobrepujar os problemas internos e que estamos caminhando para uma época em que a sorte de todos eles sem exceção tem que ser afetada pela solução que tiver o conflito de influência e preponderância entre os grandes sistemas atuais de forças, como sejam a Tríplice e a Dupla Aliança, o Império Britânico, a doutrina de Monroe (...)". In: NABUCO,

Você me encontrará neste posto [embaixador], e eu não sei se lhe devo pedir que me deixe nele. Isso dependerá da sua política. Se esta for francamente americana, no sentido de uma inteligência perfeita com este país [EUA] eu terei grande prazer em ser seu colaborador nele. Se você, porém, não se resolver por esta escolha, talvez fosse melhor não ter aqui um monroista tão pronunciado como eu porque não convém iludir os americanos. Então você poderia mandar-me para algum posto onde eu não trabalhasse em vão.[23]

O Embaixador brasileiro em Washington foi também o grande responsável pelo fato de o Brasil ter sediado a Terceira Conferência Pan-Americana, apesar dos enormes esforços da Venezuela e da Argentina que desejavam ter suas capitais como sede da primeira Conferência Pan-Americana na América do Sul. Graças às suas boas relações com o então Secretário de Estado norte-americano Elihu Root, Nabuco não só trabalhou para que o evento tivesse lugar no Rio de Janeiro, como também convenceu Root a fazer-se presente na Conferência, comparecimento que acreditava poder ajudar a dissipar as desconfianças dos países da região com relação aos EUA:

> (...) É necessário que as Repúblicas Americanas não julguem o papel que os Estados Unidos tiveram e têm que representar para defender a doutrina Monroe, como ofensivo de modo algum, ao orgulho e dignidade de qualquer delas, mas, ao contrário, como um privilégio que todas devem apoiar, ainda que seja só com sua simpatia e gratidão.

Carolina. *A Vida de Joaquim Nabuco*. São Paulo: Companhia Editora Nacional, 1929, p. 403.

23 NABUCO, Joaquim. *Cartas a Amigos*. São Paulo: Instituto Progresso Editorial, 1949, p. 230.

Isso será, sem dúvida, o resultado final da Conferência Pan-Americana (...).[24]

No extremo oposto, Oliveira Lima foi o maior crítico do pan-americanismo dentro de nosso Ministério das Relações Exteriores e, em seus livros, tais como *América Latina e América Inglesa: A Evolução Brasileira Comparada com a Hispano-Americana e com a Anglo-Americana e Pan-Americanismo (Monroe, Bolívar, Roosevelt)*,[25] o autor discute e polemiza sobre diversos assuntos relacionados ao pan-americanismo, como a Doutrina Monroe e a política imperialista de Theodore Roosevelt. O historiador/diplomata pernambucano acreditava que a Doutrina Monroe tinha substituído o domínio europeu

---

24 NABUCO, Carolina. In: *A Vida de Joaquim Nabuco*. São Paulo: Companhia Editora Nacional, 1929, p. 421. Ainda sobre a Conferência do Rio de Janeiro, Nabuco afirma que: "A nós parece que o grande objeto dessas conferências é tornar coletivo aquilo que já seja unânime, é reunir o que no intervalo entre uma e outra [Conferência Pan-Americana] tiver completamente amadurecido na opinião do Continente, é exprimir-lhes a força que resulta de um acordo entre todas as suas nações. Não é pequeno trabalho, não é pequeno esforço criar a unidade de civilização em todo o continente americano, essa há de ser um dia a sua glória, mas é obra que requer muita prudência; da parte daquelas nações, que tenham sucessivamente a honra de dar hospitalidade às conferências, só deve extrair o desejo de evitar tudo que nos possa separar, de promover tudo que possa nos unir". Códice: 273/3/13, 3ª Conferência Pan-Americana. Discurso proferido por Joaquim Nabuco por ocasião de ser proclamado Presidente efetivo da 3ª Conferência Pan-Americana.

25 OLIVEIRA LIMA, Manoel de. *América Latina e América Inglesa: A Evolução Brasileira Comparada com a Hispano-Americana e com a Anglo-Americana*. Rio de Janeiro: Garnier, 1912 e OLIVEIRA LIMA, Manoel de. *Pan-Americanismo (Monroe, Bolívar, Roosevelt)*. Brasília: Senado Federal; Rio de Janeiro: Fundação Casa Rui Barbosa, 1980.

na América Latina pela preponderância norte-americana, principalmente através das intervenções e anexações. Segundo Oliveira Lima, o monroismo nunca tinha representado uma garantia recíproca de defesa e soberania, pois os EUA aplicavam esta política de acordo com seus próprios interesses:

> (...) [O] Presidente Roosevelt, na sua última mensagem ao Congresso, [afirmou] que as repúblicas americanas que faltassem aos seus compromissos não poderiam ser protegidas contra as consequências da deslealdade evidenciada no cumprimento das suas obrigações internacionais. A doutrina chamada de Monroe cabe, no entanto, tão bem à América do Sul quanto à do Norte e não pode ser privilegio desta, que não recebeu da outra delegação soberania nem procuração de defesa. Os Estados Unidos só exercerão, aliás, a defesa quando para isso forem convidados, ou a incapacidade do agredido for de ordem tal que dispensar o apelo. Ninguém espera para valer a um homem ferido de morte que ele clame por socorro: pode acontecer que nem forças tenha para gritar. O proceder nestes casos é ditado pelo egoísmo ou altruísmo do que intervém.[26]

Em vários jornais brasileiros, Oliveira Lima escrevia contra a política externa do Itamaraty. Para ele, enquanto outros países latino-americanos faziam causa comum contra a hegemonia norte-americana (caso da Argentina e do Chile) o Brasil apenas corroborava as decisões impostas por Washington. Para fazer frente à Doutrina Monroe, Oliveira Lima tecia considerações em seu

---

26 OLIVEIRA LIMA, Manoel de. *Pan-Americanismo (Monroe, Bolívar, Roosevelt)*. Brasília: Senado Federal; Rio de Janeiro: Fundação Casa Rui Barbosa, 1980, p. 27-28.

livro *Pan-Americanismo* (*Monroe, Bolívar e Roosevelt*) acerca da Doutrina Drago e a validade da mesma para os países americanos. Esta doutrina havia sido proposta pela Argentina na Terceira Conferência Pan-Americana (mesmo Joaquim Nabuco tendo feito inúmeros esforços para tirá-la do programa oficial da Conferência em consonância com as orientações da Casa Branca) e implicava na supressão do uso da força para exigir o pagamento de dívidas entre nações. Como resposta à Doutrina Drago, o presidente Roosevelt elaborou um corolário à Doutrina Monroe para não correr o risco de perder sua supremacia no continente, pois seu objetivo principal era justificar o papel que os EUA pretendiam impor, eventualmente mediante intervenções armadas, na América Latina. Como afirma Barbosa Lima Sobrinho:

> [Oliveira Lima] combate Teodoro Roosevelt e a famosa doutrina do *big-stick*, ao ponto de ser considerado, no Brasil, inimigo de Roosevelt e de averbarem de inconvenientes os seus artigos de *O Estado de São Paulo*, pela voz do então Senador Francisco Glicério, com alguma aquiescência do próprio Presidente Rodrigues Alves. É nessa oportunidade que ele esposa a Doutrina Drago cuja importância sentira na Venezuela e sabia como podia ser significativa na defesa da soberania de nações financeiramente dependentes.[27]

Como forma de resistir ao avanço estadunidense, Oliveira Lima pregava que o Brasil deveria aprofundar suas relações com os outros países ibero-americanos no intuito de conter as agressões norte-americanas. Embora em muitos de seus livros, o diplomata tenha caracterizado as outras repúblicas latino-americanas

---

27 OLIVEIRA LIMA, Manoel de. *Obra Seleta*. Rio de Janeiro: Instituto Nacional do Livro, 1971, p. 113.

como "anárquicas" e repletas de "caos político e social", para ele era necessário cultivar a solidariedade entre os países, principalmente os sul-americanos.[28]

Esta questão relativa ao pan-americanismo era tão espinhosa que acabou sendo o principal motivo de discórdia e rompimento das relações entre Oliveira Lima e Joaquim Nabuco, que eram amigos de longa data. Quando o Barão do Rio Branco elevou a Legação Brasileira[29] de Washington à categoria de Embaixada, em 1905, nomeando Joaquim Nabuco para o posto, Oliveira Lima tentou dissuadi-lo de aceitar o cargo. Entretanto, Nabuco abraçava a causa americana com tamanho entusiasmo, que passou a acreditar que aquela era mais uma impertinência do colega diplomata.[30]

Além disso, durante os preparativos para a Terceira Conferência Pan-Americana, Nabuco preocupou-se muito com os ataques frontais que Oliveira Lima fazia ao pan-americanismo e aos EUA, pedindo constantemente a Graça Aranha que o "vigiasse" e lhe sugerisse fazer uma viagem para a Europa para não participar da

---

28 BAGGIO, Kátia Gerab. *A "outra" América: a América Latina na visão dos intelectuais brasileiros das primeiras décadas republicanas.* São Paulo, Departamento de História da USP, 1999.

29 A Legação do Brasil era a sede da missão diplomática brasileira junto aos Estados Unidos antes de se tornar Embaixada. Sobre este assunto ver: CHEIBUB, Zairo Borges. "Diplomacia e Formação do Estado Nacional". In: *Política e Estratégia*, São Paulo, vol. 5, n. 1, 1987, p. 56-68; e *Idem.* "Diplomacia e Construção Institucional: O Itamaraty em uma Perspectiva Histórica". In: *Dados*, vol. 28, n. 1, 1985, p. 113-131.

30 ANDRADE, Olímpio de Souza. *Joaquim Nabuco e o Pan-Americanismo.* São Paulo: Companhia Editora Nacional, 1950, p. 52-53 e NABUCO, Carolina. *A Vida de Joaquim Nabuco.* São Paulo: Companhia Editora Nacional, 1929, p. 421.

Terceira Conferência, pois Nabuco temia que ele pudesse atrapalhar a vinda de Elihu Root ao Brasil.[31]

Dentro do Itamaraty, Oliveira Lima foi sendo considerado um diplomata dissidente, principalmente por suas posições enfaticamente contrárias ao pan-americanismo. Essa atitude o fez perder poder e distinção entre seus colegas, especialmente por ter criticado Rio Branco[32] e Joaquim Nabuco nos jornais. Quando Oliveira Lima foi designado para servir na Venezuela (em 1905) como retaliação pelo fato de ter negado o posto de representante no Peru, o diplomata radicalizou suas críticas nos jornais sobre as preparações para a Terceira Conferência Pan-Americana,

---

31 *Idem*, p. 78.

32 A gestão do Barão Rio Branco à frente do Itamaraty (1902-1912) é paradigmática para compreendermos a relação entre nacionalismo e territorialidade, pois Rio Branco buscou definir as fronteiras, aumentar o prestígio internacional do Brasil e afirmar a liderança "natural" de nosso país na América do Sul, deixando como herança um "evangelho" que descrevia o Brasil como "um país pacífico, com fronteiras definidas, satisfeito territorialmente". Quando faleceu, em 1912, às vésperas do carnaval, o governo chegou a adiar as comemorações do feriado nacional, demonstrando o prestígio e o poder do diplomata não só diante das autoridades, mas também perante a população. Este seria um caso único na história brasileira, no qual a figura de um diplomata torna-se referência central para a construção da nação e da identidade nacional. SANTOS, Luís Cláudio Villafañe Gomes. *O dia em que adiaram o Carnaval: política externa e a construção do Brasil*. São Paulo: Editora Unesp, 2010. Sobre Rio Branco ver também: ARAÚJO, João H. Pereira de (org.). *José Maria da Silva Paranhos, Barão de Rio Branco – uma Biografia Fotográfica*. Brasília: Funag, 1995; CARDIM, Carlos Henrique; ALIMINO, João (orgs.). *Rio Branco: A América do Sul e a Modernização do Brasil*. Rio de Janeiro: EMC, 2002 e MOURA, Cristina Patriota de. *Rio Branco. A Monarquia e a República*. Rio de Janeiro: FGV, 2003.

especialmente n'"O Estado de São Paulo", tendo sido excluído da mesma por esta postura. Segundo Paulo Roberto de Almeida:

> O principal ponto de contenção entre Rio Branco e Oliveira Lima, assim como (...) entre este e Joaquim Nabuco, seria representando pela atitude a adotar em relação à política dos Estados Unidos para a América Latina e que tipo de orientação caberia imprimir à política externa brasileira na sua relação com o gigante do Norte. (...) Oliveira Lima, preventivamente afastado – *et pour cause* – da delegação brasileira à terceira conferência americana, a realizar-se no Rio de Janeiro em meados de 1906, torna-se mais e mais amargo em relação à pessoa de Rio Branco (...) e chega a se desentender com Nabuco, em grande medida devido a essas diferenças de opiniões sobre as relações bilaterais e sobre o papel dos Estados Unidos na América Latina. Aceitando o monroismo apenas enquanto ele fosse respeitoso das sobe-ranias americanas e visceralmente desconfiado da política de Roosevelt, Oliveira Lima não deixava de externar suas opi-niões nos artigos para *O Estado de São Paulo*, ainda que isto pudesse franzir certos sobrolhos no Rio de Janeiro.[33]

Oliveira Lima acusava Rio Branco de atrapalhar sua carreira diplomática, pois ele não queria servir em nenhum país america-no, já que seu objetivo era ter postos na Europa para que pudes-se, paralelas às atividades diplomáticas, pesquisar nos melhores

---

33 ALMEIDA, Paulo Roberto de. "O Barão do Rio Branco e Oliveira Lima: Vidas paralelas, itinerários divergentes". In: CARDIM, Carlos Henrique; ALMINO, João (orgs.). *Rio Branco, a América do Sul e a modernização do Brasil*. Brasília: Comissão Organizadora das Comemorações do Primeiro Centenário da Posse do Barão do Rio Branco no Ministério das Relações Exteriores, IPRI-Funag, 2002, p. 15-16.

arquivos do "Velho Mundo".[34] Mas foi exatamente a estada na Venezuela que tornou possível a Oliveira Lima se deter melhor sobre os problemas e desafios do continente americano, em especial sobre a América do Sul. Para Barbosa Lima Sobrinho:

> (...) nunca Oliveira Lima renunciou a reivindicar para o Brasil o direito de ter uma orientação própria na defesa dos seus interesses (...). Depois de sua passagem pela Legação da Venezuela, Oliveira Lima alcançara uma visão continental dos problemas comuns às duas Américas, o que vale dizer uma visão das três Américas, com o que pudesse haver nelas de característico e de essencial.[35]

A partir desse exemplo das divergências entre Joaquim Nabuco e Oliveira Lima podemos perceber que a política pan-americanista não foi hegemônica entre os diplomatas brasileiros das primeiras décadas republicanas e, embora o projeto pan-americanista dos EUA tenha permanecido na história como vitorioso, é importante ressaltar que não só Oliveira Lima, mas outros intelectuais brasileiros se opuseram radicalmente a esse plano. Segundo Kátia Gerab Baggio,

> De um lado, [entre os principais intelectuais brasileiros estavam] críticos da política expansionista dos Estados Unidos, como Eduardo Prado (A Ilusão Americana, 1893), Oliveira Lima (Pan-Americanismo, 1907), José Veríssimo (em vários artigos publicados n'O Imparcial e no Jornal do Comércio, do Rio de Janeiro) e Manuel Bomfim (América Latina, 1905, e outras obras). De outro, defensores ardorosos do

---

34 ARAÚJO, João H. Pereira de (org.). *José Maria da Silva Paranhos, Barão de Rio Branco – uma Biografia Fotográfica*. Brasília: Funag, 1995.

35 LINS, Álvaro. *Rio Branco, Biografia Pessoal e História Política*. São Paulo: Alfa Omega, 1996, p. 43.

pan-americanismo, como Joaquim Nabuco (em discursos e artigos), Artur Orlando (Pan-Americanismo, 1906) e Euclides da Cunha (em artigos e cartas, mas sem o mesmo entusiasmo dos colegas), situando o tema como um dos mais frequentes do debate intelectual na virada do século.[36]

Desse modo, para enfrentar as desconfianças contra os EUA e as propostas pan-americanas, fazia-se mais do que necessário construir uma forte identidade continental entre os países representados nas Conferências Pan-Americanas. Assim, a partir da análise das atas e dos projetos de resoluções e convenções elaborados e aprovados, vemos que foram empreendidos inúmeros esforços, principalmente por parte da delegação norte-americana, para aprovar projetos de financiamento e intercâmbio entre as universidades do continente com o objetivo de aprofundar os estudos relacionados à história e cultura da América, contribuindo para criar uma identidade continental pan-americana.[37]

Nesse sentido, foi proposta uma cooperação intelectual, com várias matérias que estavam presentes nos programas. Essa união previa intercursos de professores e de estudantes entre as Universidades e Academias americanas e a construção de um

---

36 BAGGIO, Kátia Gerab. *A "outra" América: a América Latina na visão dos intelectuais brasileiros das primeiras décadas republicanas*. São Paulo: Departamento de História da USP, 1999, p. 33.

37 Códice: 273/3/17, 1ª Conferência Pan-Americana. Histórico da 1ª Conferência Pan-Americana. Códice: 273/3/7, 2ª Conferência Pan-Americana. Histórico da 2ª Conferência Pan-Americana. Códice: 273/3/15, 4ª Conferência Pan-Americana. Histórico da 4ª Conferência Pan-Americana. Códice: 273/3/16, 5ª Conferência Pan-Americana. Histórico da 5ª Conferência Pan-Americana. Códice: 273/3/17, 6ª Conferência Pan-Americana. Histórico da 6ª Conferência Pan-Americana.

Instituto Interamericano de Cooperação Intelectual. Seu objetivo era ativar e sistematizar o intercâmbio de professores e estudantes entre os diversos países americanos, além de fomentar nas escolas secundárias e superiores de todos os países membros, a criação de cadeiras especiais de História, Geografia, Literatura, Sociologia, Higiene e Direito, bem como a criação da Cidade Universitária ou Casa de Estudante nos países da América.[38]

Além da cooperação intelectual, um dos principais instrumentos criado pelas Conferências Pan-Americanas para constituir e

---

38 O tema da cooperação intelectual teve grande destaque nas Conferências porque havia no continente americano, no final do século XIX e início do século XX, uma ausência de coordenação em relação à cooperação intelectual, uma vez que existiam poucos encontros visando o intercâmbio do conhecimento, o que já se dava na Europa com bastante frequência. Sobre o intercâmbio de professores e alunos, as Conferências Pan-Americanas pediam que as Universidades concedessem as facilidades aos professores para lecionarem cursos de interesse americano. Na Conferência de Santiago do Chile, de 1923, previu-se a formação de 2 institutos arqueológicos nos centros considerados de "mais alta" cultura pré-colombiana, um na região do México e da América Central e outro na região do Equador e do Peru. Além disso, recomendou-se a formação de um mapa arqueológico em cada país, aconselhando os governos que designassem peritos para examinar o valor e a procedência dos documentos arqueológicos, além de zelar pela sua conservação. Já na Sexta Conferência Pan-Americana, recomendou-se a instalação de um Instituto Pan-Americano de Geografia e História para facilitar o estudo dos problemas geográficos e históricos nos Estados americanos, e para tal foi escolhida a Cidade do México como futura sede do instituto. Além disso, propô-se a criação do Instituto Interamericano de Cooperação Intelectual, e para isso deveria haver uma convocação de um "Congresso de Reitores, Decanos ou Educadores em geral, o qual consideraria o anteprojeto formulado pela dita Instituição e elaboraria os Estatutos definitivos do Instituto". Códice: 273/3/16, 5ª Conferência Pan-Americana. Histórico da 5ª Conferência Pan-Americana. Códice: 273/3/17, 6ª Conferência Pan-Americana. Histórico da 6ª Conferência Pan-Americana.

legitimar este passado comum foi o estabelecimento da União Pan-Americana, pois esse foi o principal órgão responsável pela coleta e divulgação de informações sobre o continente americano até o estabelecimento da Organização dos Estados Americanos, em 1948.[39] Este órgão acabou criando uma "indústria da informação" em relação ao nosso continente, com uma média de cem publicações por ano (guias de países e de viagens, relatórios estatísticos, anuários, boletins sobre portos, cidades, comércio de produtos etc.).[40] Para Ricardo Salvatore, durante o auge do pan-americanismo:

---

39 Nota-se que para construir uma identidade comum, no âmbito das Conferências Pan-Americanas, houve também o desejo de ter um meio de transporte eficaz no continente, principalmente para o escoamento dos produtos. Essa proposta era muito defendida pelos Estados Unidos que propunha variados meios de transporte (marítimo, terrestre e aéreo) com o objetivo de ligar o Pacífico ao Atlântico. Códice: 273/3/17, 1ª Conferência Pan-Americana. Histórico da 1ª Conferência Pan-Americana. Códice: 273/3/7, 2ª Conferência Pan-Americana. Histórico da 2ª Conferência Pan-Americana. Códice: 273/3/15, 4ª Conferência Pan-Americana. Histórico da 4ª Conferência Pan-Americana. Códice: 273/3/16, 5ª Conferência Pan-Americana. Histórico da 5ª Conferência Pan-Americana. Códice: 273/3/17, 6ª Conferência Pan-Americana. Histórico da 6ª Conferência Pan-Americana.

40 Ricardo Salvatore faz referencia a *Carnegie Endowment for International Peace*, considerada a primeira instituição *think tank* ("laboratório de ideias") dedicada exclusivamente às relações internacionais. A *Carnegie* foi fundada em 1910 para investigar as causas dos conflitos bélicos e ajudar a promover acordos pacíficos de disputas entre as nações. Disponível em: http://carnegieendowment.org/about/. Acessado em: 15/06/2009. Salvatore nos indica também que: "A América do Sul ainda era uma terra incógnita, tanto na opinião de William E. Curtis como na de William A. Reid, os primeiros diretores do International Bureau of the Pan American Union. Seus esforços para gerar e fazer circular o conhecimento sobre a região

(...) estudiosos [norte-americanos] perceberam ter havido uma renovada busca por oportunidades de investimento no estrangeiro em áreas como mineração, extração de petróleo, distribuição automobilística, construção de estradas, e financiamentos. Menos notado, porém, é o fato de que durante aquele período foi feita uma série de intervenções no campo cultural, privado e governamental, que serviram para redefinir a natureza do engajamento norte-americano. Entre elas estavam publicações da União Pan-Americana (UPA), várias viagens preparadas e financiadas pelo *Carnegie Endowment for International Peace*, conferências internacionais em diversas áreas da ciência, e congressos de missionários protestantes na região. Essas atividades refletiam um novo impulso (sustentado simultaneamente pelo governo, pela ciência, pelos negócios, e pela religião) para unir a América do Norte à América do Sul, união essa que foi construída sob termos informacionais e culturais assim como sob termos materiais e tecnológicos.[41]

Além disso, dentro dessa perspectiva de construção de uma identidade pan-americana comum, percebemos que os diplomatas norte-americanos empreenderam um grande esforço para encontrar semelhanças com países do continente que não estivessem tão distantes do grau de civilização da "grande nação do

---

partia da mesma pressuposição: a existência de um vácuo de conhecimento que, se rapidamente preenchido, poderia ajudar a produzir uma melhor compreensão e, portanto, melhores interações comerciais [entre os países do continente]". SALVATORE, Ricardo D. "The Enterprise of Knowledge: Representational Machines of Informal Empire". In: LEGRAND, Catharine C.; SALVATORE, Ricardo D. (orgs.). *Close Encounters of Empire: Writing the Cultural History of. U.S. – Latin American Relations*. Durham: Duke University Press, 1998, p. 76 [tradução minha].

41 *Idem*, p. 78 [tradução minha].

norte". E para isso, eles buscaram elementos positivos dentro do universo "inferior" dos países da América.[42]

Acreditamos que o olhar que os estadunidenses relegaram ao resto do continente americano pode ser dividido em dois blocos: países como o Brasil e a Argentina eram vistos como "irmãos" em progresso, enquanto que países como a Bolívia, Peru e Equador, eram percebidos como "irmãos", mas distantes, ainda "atrasados" e "necessitados" do auxílio civilizatório norte-americano. Metrópoles como o Rio de Janeiro ou Buenos Aires, consideradas muito sofisticadas e com padrões europeus de hábitos de consumo, entravam em choque com a "pobreza", o "caudilhismo", a "corrupção" e a "opressão" que se costumava apontar nos países da América Central ou nos já citados Bolívia, Peru e Equador.[43]

Um exemplo de destaque positivo na percepção estadunidense sobre algumas cidades latino-americanas pode ser observado na visita que o Secretário de Estado norte-americano, Elihu Root, fez ao Rio de Janeiro por ocasião da Terceira Conferência Pan-Americana em 1906 (com enormes elogios à capital brasileira) e a visita que Theodore Roosevelt fez a Buenos Aires em 1913. Ambos, secretário de Estado e presidente, enxergaram essas

---

42 Códice: 273/3/4, 1ª Conferência Pan-Americana. Histórico da 1ª Conferência Pan-Americana. Recorte do Jornal "New York Harold" de 29 de agosto de 1890.

43 Códice: 273/3/17,1ª Conferência Pan-Americana. Histórico da 1ª Conferência Pan-Americana. Códice: 273/3/7, 2ª Conferência Pan-Americana. Histórico da 2ª Conferência Pan-Americana. Códice: 273/3/15, 4ª Conferência Pan-Americana. Histórico da 4ª Conferência Pan-Americana. Códice: 273/3/16, 5ª Conferência Pan-Americana. Histórico da 5ª Conferência Pan-Americana. Códice: 273/3/17, 6ª Conferência Pan-Americana. Histórico da 6ª Conferência Pan-Americana.

metrópoles como capitais de verdadeiros "países maduros", prontos para serem liderados pela nação "irmã" norte-americana:

> Quando Theodore Roosevelt visitou Buenos Aires em 1913, ele disse à elite reunida no teatro Colón que, após 30 anos de ininterrupto progresso, a Argentina tinha atingido o progresso econômico e a estabilidade política, algo que ele associava à maturidade. O país já não era uma criança precisando da proteção de um irmão mais velho, mas uma nação adulta que estava em pé de igualdade com os Estados Unidos. (...) Países poderosos como a Argentina e o Brasil – cada um com forças militares respeitáveis – tinham ido além: eles tinham atingido a masculinidade.[44]

Entretanto, durante a realização da Sexta Conferência de 1928, como mencionamos anteriormente, um fato estremeceu a opinião pública da América Latina com relação aos Estados Unidos e colocou em risco os princípios do pan-americanismo de preservação da soberania e da igualdade: a intervenção norte-americana na Nicarágua – uma melindrosa questão que mereceu a visita do presidente dos EUA, Calvin Coolidge, a Cuba para a abertura da Sexta Conferência.[45]

A intervenção norte-americana deu-se, todavia, com o apelo do governo da Nicarágua aos EUA, a fim de que estes auxiliassem a pacificar o país e a restabelecer a ordem alterada com a disputa

---

44 SALVATORE, Ricardo D. "The Enterprise of Knowledge: Representational Machines of Informal Empire". In: LEGRAND, Catharine C.; SALVATORE, Ricardo D. (orgs.). *Close Encounters of Empire: Writing the Cultural History of U.S. – Latin American Relations.* Durham: Duke University Press, 1998, p. 79 [tradução minha].

45 Códice: 273/3/17, 6ª Conferência Pan-Americana. Histórico da 6ª Conferência Pan-Americana.

dos dois partidos políticos, liberal e conservador. Segundo um relatório elaborado pelo Itamaraty sobre a questão da Nicarágua e o seu impacto na imprensa das nações americanas,[46] houve neste período uma intensa campanha anti-americana na imprensa de muitos países latino-americanos (em especial da Argentina). Segundo o telegrama do Ministro das Relações Exteriores, Octávio Mangabeiras, para o delegado brasileiro Raul Fernandes:

> Nossa embaixada em Buenos Aires informa que os jornais *La Prensa* e *La Nación* desenvolvem uma campanha sistemática contra os Estados Unidos pelo caso da Nicarágua. *La Prensa* chegou a intimar o presidente da república a dar instruções à delegação argentina em Havana para protestar contra a intervenção dos Estados Unidos. A opinião pública argentina é francamente hostil ao governo de Washington parecendo difícil dada a situação em todo o país que a Casa Rosada permaneça indiferente.[47]

No entanto, essas críticas ficaram circunscritas à imprensa argentina, pois o governo argentino não expressou publicamente a sua opinião, apesar de seu delegado creditado nessa Conferência, Honório Pueyrredón, ter procurado, sem sorte, angariar apoio entre os colegas latino-americanos para que a

---

46 *Idem*. Relatório elaborado pelo Itamaraty sobre a questão da Nicarágua e o seu impacto na imprensa dos países americanos (sem remetente, destinatário e data). Exemplos de dois recortes de jornais brasileiros que tratam deste tema da intervenção norte-americana na Nicarágua e a repercussão na imprensa latino-americana são: "O Caso da Nicarágua repercute em Havana" e "A atitude da imprensa argentina muito comentada", respectivamente, "D´O Jornal", de 12 de fevereiro de 1928 e "*A Nossa vez...*" do jornal "Gazeta de Notícias" de 15 de fevereiro de 1928.

47 *Ibidem*. Telegrama do Ministro Octávio Mangabeiras para Raul Fernandes, em: 12.01.1928.

questão da intervenção na Nicarágua fosse discutida no âmbito da Conferência.[48]

Já a diplomacia brasileira, com relação a este tema, entendia que a melhor decisão era levar a questão na "mais pura concórdia", pois o assunto era muito polêmico e poderia aumentar as divergências entre os países do continente. Octávio Mangabeiras enviou um telegrama para Raúl Fernandes afirmando que ele "corroborava plenamente com a ação de concórdia liderada pelos EUA". Contudo, o Itamaraty não criticava a posição nem da imprensa argentina, nem de seu delegado Pueyrredón. Em telegrama Octávio Mangabeira afirma:

> Acabo de transmitir ao embaixador Rodrigues Alves o seguinte telegrama: "julgo conveniente que não tenhamos qualquer ação no sentido de pretender modificar a atitude da Argentina. Seria impertinente, quiçá contraproducente. Em todo caso estimaria que V., na sua palestra de hoje com o sr. Gallardo procurasse sondar, sem deixar transparecer qualquer instrução daqui, até onde seria possível obter que a Argentina transigisse, no sentido de uma fórmula de declaração em termos amplos, relativamente à matéria da intervenção. Tendo a impressão de que se não atingirmos uma fórmula unânime acabaremos adiando a discussão do assunto".[49]

Em suma, a orientação do governo brasileiro era de que constasse nos periódicos, principalmente dos EUA, o discurso de equilíbrio da diplomacia brasileira, e para isso queria dar a mais

---

48 MORGENFELD, Leandro. *Argentina y Estados Unidos en las Conferencias Panamericanas (1880-1955)*. Buenos Aires: Continente, 2011.

49 Códice: 273/3/17, 6ª Conferência Pan-Americana. Telegrama do Ministro Octávio Mangabeiras para Raul Fernandes, em: 12.01.1928.

ampla publicidade sobre a participação do Brasil na Conferência com o intuito de concretizar uma impressão favorável na imprensa norte-americana sobre a condução da política externa brasileira. Em outro telegrama, Octávio Mangabeira demonstra a impossibilidade de se discutir a questão da intervenção da Nicarágua, bem como avalia as disputas entre a Argentina e os Estados Unidos:

> As dificuldades que estão surgindo mostram que não temos ambiente próprio para uma resolução concreta. Ou chegaremos a um acordo em torno de fórmula inócua ou abriremos sessão que convém por todos os motivos evitar. Seja qual for a conclusão final que prevalecer, há de ser por força eivada de defeitos, oriundos das paixões e dos interesses reinantes. Os que protestam contra a intervenção não deixam de estar intervindo, desde quando Nicarágua, por sua delegação apoia os Estados Unidos, sendo ela o melhor juiz dos seus direitos. Se a corrente que acompanha a Argentina concordar com o adiamento, creio que os Estados Unidos terão obtido, por meios indiretos, a vitória possível no momento.[50]

Assim, parece-nos que as principais questões que contribuíram para fragmentar o discurso identitário pan-americano foram: o excesso de controle da agenda política das assembleias nas deliberações das pautas das Conferências privilegiando os interesses dos EUA; as intervenções e anexações norte-americanas na América Central e no Caribe e o fortalecimento da liderança da Argentina na região (em especial no Cone Sul).

---

50 *Idem.*

A IDENTIDADE LATINO-AMERICANA

A partir da análise das fontes percebemos que o discurso identitário latino-americano foi elaborado no contexto das disputas que tiveram lugar durante as Conferências Pan-Americanas. Esse discurso foi criado principalmente pelos delegados argentinos com o intuito de frear os avanços norte-americanos e de alçar a Argentina à posição de líder dos países latino-americanos, destacando-se a disputa pelo controle das forças políticas entre as nações sul-americanas.[51]

Assim, dentro do discurso identitário latino-americano existiu uma disputa de interesses em torno da liderança dos países latino-americanos e de hegemonia no continente sul-americano. O papel de comando desempenhado pela Argentina nas Conferências Pan-Americanas para rechaçar o projeto de integração aduaneira e para aprovar a arbitragem obrigatória, demonstram que este país tinha um claro projeto político para a América Latina, em especial para a região do Cone-Sul.

Entretanto, nos documentos estudados, essa identidade latino-americana construída pela Argentina apresenta dois vieses: por vezes ela é ampla, abrangendo todos os países latino-americanos que participaram das Conferências Pan-Americanas; outras vezes é restrita, sem incluir, propositalmente, o Brasil ou

---

51 Códice: 273/3/17, 1ª Conferência Pan-Americana. Histórico da 1ª Conferência Pan-Americana. Códice: 273/3/7, 2ª Conferência Pan-Americana. Histórico da 2ª Conferência Pan-Americana. Códice: 273/3/15, 4ª Conferência Pan-Americana. Histórico da 4ª Conferência Pan-Americana. Códice: 273/3/16, 5ª Conferência Pan-Americana. Histórico da 5ª Conferência Pan-Americana. Códice: 273/3/17, 6ª Conferência Pan-Americana. Histórico da 6ª Conferência Pan-Americana.

outros países de origem não hispânica. Ademais, embora nos discursos dos delegados argentinos possamos observar um apelo a união dos países latino-americanos, percebemos também uma relação estreita com os países da Europa, em especial a Inglaterra.

A já referida frase pronunciada pelo delegado argentino, Roque Sáenz Peña, na Primeira Conferência, parece ter definido o espaço ocupado pela Argentina e como ela se portaria muitas vezes contrária aos desígnios dos Estados Unidos nas Conferências seguintes: "A América para a humanidade" ao invés de "América para os americanos".[52] Sáenz Peña, para fazer frente aos EUA, propõe que a América não se feche em si mesma, sobretudo, que ela não se feche para a Europa, grande parceira comercial dos países latino-americanos (especialmente a Inglaterra). Essa atitude gerou admiração, prestígio e reconhecimento perante as demais delegações em Washington. Nas Conferências seguintes, vê-se que se mantém não só o respeito pela chancelaria argentina, como o reconhecimento do país como o líder das nações latino-americanas.[53]

Ao analisarmos os discursos de Sáenz Peña na Conferência e os escritos de José Martí para o jornal argentino "La Nación" sobre o mesmo congresso,[54] vemos que o cubano tinha uma atitude abertamente anti-imperilista, enquanto o delegado ar-

---

52 Códice: 273/3/6/7, 1ª Conferência Pan-Americana. Histórico da 1ª Conferência Pan-Americana.

53 MORGENFELD, Leandro. *Argentina y Estados Unidos en las Conferencias Panamericanas (1880-1955)*. Buenos Aires: Continente, 2011, p. 91-96.

54 Martí acompanhou a Primeira Conferência na qualidade de correspondente do jornal argentino "La Nación", para quem produziu vários artigos sobre os andamentos e debates do conclave. MARTÍ, José. *Cuba, Nuestra América, los Estados Unidos*. México: Siglo XXI, 1973.

gentino era menos radical e se colocava essencialmente contra o protecionismo norte-americano e a favor das relações entre os países Europeus e as nações latino-americanas. Para Leandro Morgenfeld, o anti-imperilismo dos delegados argentinos e o apelo a uma identidade latino-americana nos congressos não passava de uma estratégia retórica para atacar as posições dos delegados dos EUA, ao contrário das posições de Martí, claramente anti-imperilista e latino-americanista:

> Se bem que parte da oligarquia argentina "utilizou" os pujantes argumentos de Martí – recordemos que o periódico de Mitre o nomeou seu correspondente em Washington e publicou suas virulentas crônicas –, deve ficar claro que foi mais um recurso para se opor a Casa Branca, totalmente diferente da posição tomada por Martí e que ele tentará colocar em prática em 1895, quando desembarcou em Cuba para retomar a guerra de independência contra a Espanha. O anti-imperilismo de Sáenz Peña (...) não passava de uma série de recursos de oratória para atacar as posições dos delegados estadunidenses.[55]

Em Martí, vê-se claramente a afirmação da identidade latino-americana (mesmo que se refira muitas vezes aos países hispano-americanos, em especial da América Central e Caribe), pois ele condenou, na maior parte de seus escritos, as bases da ideologia expansionista estadunidense, particularmente a Doutrina Monroe e o Destino Manifesto. Em seu artigo intitulado "Congresso Internacional de Washington" escreveu:

---

55 MORGENFELD, Leandro. *Argentina y Estados Unidos en las Conferencias Panamericanas (1880-1955)*. Buenos Aires: Continente, 2011, p. 95 [tradução minha].

Jamais houve na América, da independência para cá, assunto que requeira mais sensatez, que obrigue a maior vigilância, que peça exame mais claro e minucioso que o convite que os Estados Unidos [para participar da Primeira Conferência], poderosos, repletos de produtos invendáveis e determinados a estender seus domínios pela América, fazem às nações americanas de menos poder, ligadas pelo comércio livre e útil com os povos europeus, para coordenar uma liga contra a Europa e fechar negócios com o resto do mundo. Da tirania da Espanha soube salvar-se a América espanhola; e agora, depois de ver com criterioso olhar os antecedentes, causas e fatores do convite, urge dizer, porque é a verdade, que chegou para a América espanhola a hora de declarar a sua segunda independência.[56]

Para o intelectual cubano, a proposta de união aduaneira, encabeçada pelos EUA, comprometia os interesses e a soberania das nações latino-americanas no continente. Ademais, Martí escreveu artigos em que se posicionava veemente contra os EUA no que diz respeito ao "direito de conquista", defendendo a proposta argentina de que o "direito de conquista" fosse eliminado do direito público americano:

De uma parte existe na América um povo que proclama seu direito, por auto-proclamação, a reger, pela moralidade geográfica, o continente e que anuncia, pela boca de seus estadistas, na imprensa e no púlpito, no banquete e no congresso, enquanto põe a mão sobre uma ilha e tenta comprar outra,

---

56 FERNÁNDEZ RETAMAR, Roberto. "Introdução a José Martí". In: MARTÍ, José. *Nossa América*. São Paulo: Hucitec, 1983, p. 46.

que todo o norte da América há de ser seu, e que se deve reconhecer-lhe o direito imperial do istmo para baixo (...).[57]

Já Sáenz Peña, se comparado a Martí, se valia de um discurso identitário mais híbrido. Ora valorizava as características comuns entre as nações latino-americanas (com o objetivo de liderá-las), ora destacava o vínculo privilegiado que a Argentina tinha com a Europa. Para Leandro Morgenfeld, a frase de Sáenz Peña, "América para a Humanidade", escondia o desejo da classe dominante argentina de continuar a ter fortes vínculos com o "Velho Continente", uma vez que se consideravam superiores e muito diferentes dos demais países latino-americanos (embora expressassem essa concepção somente nas entrelinhas):

> Sua oposição aos Estados Unidos, sua reivindicação de Europa e seu sentimento de superioridade frente ao resto dos povos latino-americanos (...) a afastava [Argentina] da concepção latino-americanista e do ideário bolivariano que existia no continente desde as revoluções de independência.[58]

Como o Brasil também desempenhava um papel importante nessa Primeira Conferência desde a queda do Império,[59] os de-

---

57 MARTI, José. *Obras Completas*. Havana: Editorial de Ciencias Sociales, 1975, p. 56. Para um maior detalhamento sobre o tema ver: CARVALHO, Eugênio Resende. *Nossa América: a utopia de um novo mundo*. São Paulo: Anita Garibaldi, 2001 [tradução minha].

58 MORGENFELD, Leandro. *Argentina y Estados Unidos en las Conferencias Panamericanas (1880-1955)*. Buenos Aires: Continente, 2011, p. 100 [tradução minha].

59 Conforme dito anteriormente, depois da Proclamação da República, o Brasil se aproximou dos demais países latino-americanos, principalmente os do Cone-Sul. Além disso, Brasil e Argentina incrementaram as suas relações exteriores depois de 15 de novembro. Salvador de Mendonça,

legados argentinos pressionaram os delegados brasileiros para defenderem o fim do "direito de conquista" em nome da união e do bem-estar das repúblicas latino-americanas. Essa é uma das vezes em que a expressão "latino-americanos" aparece de forma mais vigorosa nos documentos analisados, induzindo à união latino-americana e não (pelo menos nesse contexto) à união pan-americana. Vale notar que os EUA, tanto nas atas das Conferências, quanto nos recortes de jornais, usavam a expressão "países hispano-americanos" para identificar não apenas os países que tinham sido colonizados pela Espanha, como também o Brasil (o uso desta expressão foi mais comum nas Conferências de Washington e do México).[60]

Como dissemos no capítulo anterior, o medo de intervenções e anexações na região por parte dos EUA foi latente durante as Conferências Pan-Americanas, e ele apareceu não só nos discursos dessas assembleias, mas principalmente nos recortes de jornais latino-americanos anexados aos relatórios pelos diplomatas brasileiros. Desse modo, construiu-se um discurso latino-americano para resistir a um pan-americanismo que significava essencialmente o risco de perder a soberania.

---

delegado brasileiro na Primeira Conferência de Washington, em 4 de julho de 1890, chegou a elogiar a Argentina para o Ministro das Relações Exteriores Quintino Bocayúva pelo pronto reconhecimento daquele país ao nosso novo regime político: "Dada a revolução de Novembro, quando de novo comparecemos as sessões nenhuma delegação nos acolheu com maior cordialidade que a Argentina." Códice: 273/3/9: 3ª Conferência Pan-Americana.

60 Códice: 273/3/4, 1ª Conferência Pan-Americana. Histórico da 1ª Conferência Pan-Americana. Códice: 273/3/7, 2ª Conferência Pan-Americana. Histórico da 2ª Conferência Pan-Americana.

Com relação à independência de Cuba, é paradigmático pensar que na Conferência do México os EUA apresentaram uma proposta de saudação à independência e liberdade de Cuba no mesmo ano em que esse país passou a ser um protetorado dos EUA. José Hygino Duarte Pereira, nesta Segunda Conferência parece já expressar a insegurança causada pelo país mais forte do continente entre as repúblicas americanas:

> (...) os Estados Unidos, tão grande em território tem perdido prestígio (...) parecem desvanecer temores e desconfianças, angariar simpatias e a poderosa influencia moral que indubitavelmente gozavam em uma porção das nações hispano-americanas [isso] pode ser a causa da realização da atual conferência. Se os Estados Unidos vem com o propósito de cooperar, que não se fale na Doutrina Monroe que é não mais nem menos que Doutrina de intervenção.[61]

Parece-nos também que durante as Conferências Pan-Americanas foi elaborado um discurso de afirmação de uma identidade latino-americana sem incluir o Brasil. A partir da documentação vemos que este discurso de identidade latino-americana mais restrita foi criado em concomitância à negação do discurso pan-americano, pois a diplomacia argentina, para enfraquecer as delegações brasileiras, sempre que conveniente, afirmava que o Brasil não tinha vontade própria e seguia os desígnios

---

61 Códice: 273/3/6/8, 3ª Conferência Pan-Americana. Resumo sobre a 1ª Conferência, artigo sobre a Doutrina Monroe, e artigo sobre a Doutrina Diaz – jornal "El Pais" - Documentos n. 1, n. 2, n. 3 (Anexo a Carta 1ª seção n. 6 (01-01-1902) – José Hygino Duarte Pereira para o Ministro das Relações Exteriores, Comunicado sobre envio de Retalhos dos jornais "Imparcial", "El Mundo" e "The Mexican Herald" com discursos dos delegados da Conferência em 25.11.1901 – recorte de jornal.

da chancelaria norte-americana (vale destacar que as posições pró-EUA de Joaquim Nabuco e Rio Branco muito contribuíram para a construção dessa imagem do Brasil como uma nação subserviente à Casa Branca).[62]

Ademais, a identidade latino-americana sem incluir o Brasil se transformou, por sua vez, em uma identidade de herança hispânica. O que vale ser ressaltado com relação a esta questão é que, apesar das Conferências terem sido guiadas pelo "espírito" pan-americanista, muitas vezes vieram à tona discursos relacionados à identidade hispânica, mesmo com o receio latente que muitos países de colonização espanhola tinham de a Espanha desejar recobrar seus domínios coloniais.[63] Essa identidade hispânica foi construída pelas próprias ex-colônias espanholas, as quais, em alguns textos das Conferências, deliberadamente excluíam o Brasil (e os demais países colonizados por outras potências europeias).[64]

---

62 Códice: 273/3/17, 1ª Conferência Pan-Americana. Histórico da 1ª Conferência Pan-Americana. Códice: 273/3/7, 2ª Conferência Pan-Americana. Histórico da 2ª Conferência Pan-Americana. Códice: 273/3/15, 4ª Conferência Pan-Americana. Histórico da 4ª Conferência Pan-Americana. Códice: 273/3/16, 5ª Conferência Pan-Americana. Histórico da 5ª Conferência Pan-Americana. Códice: 273/3/17, 6ª Conferência Pan-Americana. Histórico da 6ª Conferência Pan-Americana.

63 Códice: 273/3/4, 1ª Conferência Pan-Americana. Histórico da 1ª Conferência Pan-Americana.

64 Códice: 273/3/17, 1ª Conferência Pan-Americana. Histórico da 1ª Conferência Pan-Americana. Códice: 273/3/7, 2ª Conferência Pan-Americana. Histórico da 2ª Conferência Pan-Americana. Códice: 273/3/15, 4ª Conferência Pan-Americana. Histórico da 4ª Conferência Pan-Americana. Códice: 273/3/16, 5ª Conferência Pan-Americana. Histórico da 5ª Conferência Pan-Americana.

A questão da língua foi um fator determinante para tal distanciamento, pois parte dos argumentos que afastavam o Brasil dos demais países latino-americanos se baseavam nas diferenças de idioma para estabelecer barreiras culturais intransponíveis. Esse fato pode ser percebido com relação à impressão das atas, pois todas as Conferências aprovaram a publicação das atas nos três idiomas (inglês, espanhol e português), mas elas acabaram não sendo impressas em português, a não ser as atas da Conferência do Rio de Janeiro.

Esse tema da língua portuguesa apareceu fortemente na Sexta Conferência, pois o embaixador do Brasil em Havana reclamou o direito dos delegados brasileiros de falarem na sua língua nacional, numa assembleia em que eram admitidos o espanhol e o inglês; segundo ele, "não era justo que o Brasil abrisse exceção e renegasse o seu próprio idioma e expressasse pela boca dos seus representantes em idioma alheio, uma vez que representávamos um dos maiores aglomerados humanos no continente". Raúl Fernandes, insurgindo-se contra a não admissão da língua portuguesa, fez todos os seus discursos no plenário da Conferência no nosso idioma e orientou os demais delegados a fazerem o mesmo.[65]

Diante disso, a polêmica questão da defesa do uso da língua portuguesa na assembleia provocou imensa repercussão em Portugal. O Ministro das Relações Exteriores telegrafou aos delegados brasileiros dizendo que toda a imprensa portuguesa louvava a atitude da nossa delegação, até mesmo a Academia de

---

Códice: 273/3/17, 6ª Conferência Pan-Americana. Histórico da 6ª Conferência Pan-Americana.

65 Códice: 273/3/18, 6ª Conferência Pan-Americana. Recorte do jornal "A Manhã", de 15.11.1928.

Ciências de Lisboa,[66] que realizou uma sessão solene em louvor à chancelaria brasileira (homenagem similar ocorreu também na Academia Brasileira de Letras).[67]

Como mencionamos anteriormente, outra questão que parece ter distanciado o Brasil dos demais países latino-americanos refere-se às rivalidades e às disputas de poder entre a Argentina e o Brasil na América do Sul. Quando interessava, esses países se aliavam para enfrentar questões que os desagradavam, como por exemplo, a proposta de união aduaneira encabeça pelos EUA. No entanto, na maior parte das vezes, Argentina e Brasil travavam disputas não oficiais, principalmente nos momentos de elaboração dos programas das Conferências Pan-Americanas.

Segundo um detalhado relatório sobre os países da América Sul, de 1917 e 1918, encomendado pelo então Ministro das Relações Exteriores do Brasil, Félix Pacheco, que deveria servir de base para a Conferência Pan-Americana seguinte, em 1923, a Argentina era o grande rival do Brasil nas disputas de influência e poder na América do Sul. Esse relatório afirma que a Argentina e o Chile encabeçavam a lista da corrente anti-americana e que o

---

66 Códice: 273/3/17, 6ª Conferência Pan-Americana. Telegrama enviado pelo Ministro das Relações Exteriores para a delegação brasileira em Havana.

67 Segundo um recorte do jornal "Gazeta de Notícias de Lisboa": "(...) Oportuno o protesto da delegação brasileira à Conferência de Havana, contra o fato de não serem os seus discursos vertidos para o português, como se faz os proferidos pelos membros das demais delegações. Essa é uma nova oportunidade para que se analisasse a situação da língua portuguesa, o seu prestígio chegando-se à conclusão confortadora de que ela conquista terreno dia-a-dia". Códice: 962.VI/L125/1036A, 6ª Conferência Pan-Americana. Recorte de Jornal "Gazeta de Notícias de Lisboa", Artigo: "Pelo Conhecimento do Português", em 31.01.1928.

AS CONFERÊNCIAS PAN-AMERICANAS (1889 A 1928)   113

Brasil mantinha uma política intermediária, pois dependendo da agenda de política externa, ora se aliava aos EUA ora se aliava a Argentina e ao Chile.[68]

Verifica-se, nos documentos, um grande receio por parte do nosso Ministério das Relações Exteriores com relação aos desígnios da Argentina, pois o Itamaraty percebia que esta nação pretendia dirigir a linha condutora da política da América do Sul, uma vez que ela estava no centro da maioria das tentativas de soluções dos conflitos e das divergências na região.

Esta questão pode ser observada no contexto da Quinta Conferência, uma vez que o presidente da Argentina na época, Hipóllito Yrigoyen, declarou que o seu governo era a "regeneração política" e o "restabelecimento do prestígio de seu país" junto às demais nações americanas.[69] A Argentina claramente afirmava sua oposição ao pan-americanismo pois pretendia ter uma hegemonia subcontinental ao privilegiar a intervenção diplomática nos negócios das outras nações, nos acordos comerciais e no poder militar e naval das repúblicas americanas, especialmente as do Cone Sul. Ainda segundo este relatório enviado ao ministro Félix Pacheco:

> (...) Seu programa de política internacional visava à união de todas as nações americanas de origem espanhola sob a

---

68 Códice: 962.V/L180/2981, 5ª Conferência Pan-Americana. Relatório - Particular e confidencial sobre Política sul-americana 1917-1918, enviado a Félix Pacheco pelo capitão da fragata Augusto Carlos de Souza e Silva, em junho-agosto de 1918. Os países visitados para essa coleta de informações foram: a Argentina, Uruguai, Chile, Peru, Bolívia, Paraguai e Panamá. Porém, foi sobre a Argentina que o relatório se deteve minuciosamente.

69 Códice: 273/3/16, 5ª Conferência Pan-Americana. Histórico da 5ª Conferência Pan-Americana.

direção da Argentina para a solução de suas questões, defesa de seus interesses e resistências às imposições estrangeiras para combater o domínio econômico, o expansionismo e a influência das poderosas nações. (...) O governo Yrigoyen apresenta a nação Argentina como essencialmente nacionalista, com uma acentuada feição da política de Rosas, atenuada de acordo com as circunstancias de hoje. Declara que seu objetivo é criar uma nova Argentina regenerada política e socialmente, [propõem-se] resgatar os erros dos governos anteriores, liberar o país da influência estrangeira, econômica e política e restabelecer o seu prestígio no continente colocando-a como nação mais forte, mais rica e mais adiantada à testa das nações espanholas do continente para libertar a América do Sul da dependência da Europa, cobiça norte americana e da prepotência do Brasil.[70]

Um dos objetivos da diplomacia argentina, segundo o Itamaraty, era limitar a influência do Brasil no sul do continente, quando não o necessitava como aliado. A atitude da Argentina na questão de Tacna e Arica teve por objeto criar divergências entre o Chile e o Brasil, impedido-o de tomar partido do Brasil contra a Argentina, assegurando sua neutralidade e ganhando apoio do Peru e da Bolívia. Além disso, ela também intimidava o Uruguai para impedir que ele acompanhasse a política do Brasil e se colocasse ao seu lado em caso de conflitos no Cone Sul. Tinha, ainda, o objetivo de interpor-se entre o Brasil e o Paraguai com relação a dívida externa desse país.

---

70 Códice: 962.V/L180/2981, 5ª Conferência Pan-Americana. Relatório - Particular e confidencial sobre Política sul-americana 1917-1918, enviado a Félix Pacheco pelo capitão da fragata Augusto Carlos de Souza e Silva, em junho-agosto de 1918.

Para o Ministério das Relações Exteriores do Brasil, a diplomacia argentina pregava que os países de origem hispânica sul-americanos deveriam se esforçar para libertar a América do Sul da tutela dos EUA, pois a Argentina tentava criar e implantar na América do Sul doutrina própria, uma substituição à Doutrina Monroe, a Doutrina Drago. O país representaria a reação do nacionalismo sul-americano contra o monroismo, pois: "(...) o propósito da Argentina era tornar-se a nação líder no continente, [oferecendo] amparo e [sendo] tutora das demais repúblicas de raça espanhola".[71]

O Itamaraty entendia que a estratégia política argentina era insuflar as prevenções dos países latino-americanos contra os Estados Unidos, procurando descredibilizar o pan-americanismo, pois os argumentos argentinos pautavam-se na ideia de que os interesses da América do Sul, América Central, Caribe e do México, deveriam ser regulados e resolvidos à revelia dos EUA e com o isolamento do Brasil. Segundo o referido relatório, este seria o ponto de partida para uma "liga das nações sul-americanas de raça espanhola" contra a influência, domínio econômico e político levado a cabo pelos EUA.[72]

Ademais, a neutralidade da Argentina, na Primeira Guerra, confirmava, segundo o Itamaraty, os seus propósitos na política internacional do continente, pois ela se servia da guerra para reforçar a sua influência sobre as demais nações americanas,

---

71 Códice: 962.V/L180/2981, 5ª Conferência Pan-Americana. Relatório – Particular e confidencial sobre Política sul-americana 1917-1918, enviado a Félix Pacheco pelo capitão da fragata Augusto Carlos de Souza e Silva, em junho-agosto de 1918.

72 *Idem.*

assumindo a liderança ao isolar o Brasil, além de combater a influência dos Estados Unidos:

> A neutralidade da Argentina era a consequência lógica dos seus propósitos e objetivos na América do Sul antes da guerra. Mediante ela, a Argentina impede a coesão de todo o continente em torno dos Estados Unidos, prestigia e reforça a ação da Espanha e sua influência moral e política sobre o continente, isola o Brasil diminuindo o seu prestígio continental e expondo-o a ficar sem apoio no continente, no caso de uma futura represália da Alemanha, estimula a agitação dos colonos alemães no sul do Brasil, dando-lhes a esperança de um apoio num movimento separatista, identifica-se com o Chile, a Colômbia e o México na sua hostilidade contra os Estados Unidos, e granjeia a amizade da Alemanha, fazendo declarar pelos jornais governistas e pelo líder da Câmara, deputado Oyhanarte, que a Argentina considera a amizade do "grande Império Alemão como necessária e sente-se orgulhosa com ela".[73]

Porém, é importante ressaltar que a chancelaria brasileira, de um modo geral, não entendia a política argentina como mera hostilidade ao Brasil, e sim como uma estratégia de antagonismo político para disputar poder, principalmente na América do Sul. Segundo esta perspectiva, a Argentina via no Brasil um obstáculo às suas ambições de hegemonia, pois o Brasil se constituía naquele momento como:

> (...) um concorrente nas imigrações europeias; um rival no comércio marítimo; um intruso nos mercados do Paraguai e do Uruguai; um invasor das Missões; um aliado potencial dos

---

73 *Ibidem.*

Estados Unidos; um perigo por sua extensão territorial e pela massa de sua população e uma futura potência econômica.[74]

Do mesmo modo, do lado brasileiro também existia, latente, um sentimento anti-hispânico, em geral contraposto ao "bom exemplo" norte-americano. Além disso, em algumas correspondências privadas dos delegados e ministros, vemos que o olhar pejorativo remanescente do Império ainda contaminava as asserções de muitos diplomatas brasileiros acerca dos países da América Hispânica.[75] Além disso, é importante ressaltar que a geração dos diplomatas brasileiros do final do século XIX e princípios do século XX foi marcada pelas influências do positivismo, do evolucionismo, do darwinismo social e, ao mesmo tempo, da tradição liberal anglo-saxônica.[76] Desse modo, comparativa-

---

74 Códice: 962.V/L180/2981, 5ª Conferência Pan-Americana. Relatório - Particular e confidencial sobre Política sul-americana 1917-1918, enviado a Félix Pacheco pelo capitão da fragata Augusto Carlos de Souza e Silva, em junho-agosto de 1918. Segundo o relatório: "O Ministro Puyrrendon declarou que o sentimento que prevalecia na Argentina, em agosto de 1917, em relação do Brasil era de admiração pelo seu desenvolvimento industrial e de medo, surpresa pela produção do gado e das carnes, e disse-me que via nessa concorrência uma causa de possíveis conflitos futuros".

75 Sobre este assunto ver: CAPELATO, Maria Helena Rolim. "O 'gigante brasileiro' na América Latina: ser ou não ser latino-americano". In: MOTA, Carlos Guilherme (org.). *Viagem incompleta: a experiência brasileira. A grande transação*. São Paulo: Editora Senac, 2000; PRADO, Maria Ligia Coelho. *O Brasil e a distante América do Sul*. In: *Revista de História*, n. 145 (2001), p. 127-149 e PRADO, Maria Ligia Coelho. "Davi e Golias: as Relações entre Brasil e Estados Unidos no século XX". In: MOTA, Carlos Guilherme (org.). *Viagem Incompleta. A Grande Transação*. São Paulo: Editora Senac, 2000.

76 Sobre este assunto ver: CHEIBUB, Zairo Borges. "A Formação do Diplomata e o Processo de Institucionalização do Itamaraty: Uma Perspectiva Histórica e Organizacional". *Leituras Especiais* – Instituto Rio

mente, a América Latina era percebida em alguns momentos pelo Itamaraty como inferior e em uma escala evolutiva muito abaixo do Brasil.

Finalmente, ao analisarmos os discursos dos diplomatas brasileiros nas seis Conferências estudadas, percebemos que muitos deles, ao contrário de tentar identificar um passado comum latino-americano, buscaram legitimar diferenças em termos de evolução das civilizações. Para "fortalecer a nação e o caráter nacional" do Brasil após o advento da República, parece-nos que parte dos diplomatas brasileiros se empenhavam em defender a ideia de um grau diferenciado que o Brasil ocuparia na escala civilizatória, cada vez mais próxima aos EUA e demais países da Europa. Esse argumento pode ser observado, por exemplo, nas críticas feitas pelos diplomatas brasileiros quanto à falta de organização e estrutura dos países latino-americanos que sediaram Conferências Pan-Americanas (México, Argentina, Chile, Cuba, Uruguai e Colômbia).[77]

Em seguida, analisaremos as duas questões que mais se destacaram nas Seis Conferências Pan-Americanas estudadas: a

---

Branco, Brasília, vol. 25, n. 1, 1994, p. 5-30 e *Idem*. "A Carreira Diplomática no Brasil: O Processo de Burocratização do Itamarati". In: *Revista de Administração Pública*, Rio de Janeiro, vol. 23, n. 2, 1989, p. 97-128.

77 Códice: 273/3/4, 1ª Conferência Pan-Americana. Histórico da 1ª Conferência Pan-Americana. Códice: 273/3/7, 2ª Conferência Pan-Americana. Histórico da 2ª Conferência Pan-Americana. Códice: 273/3/10, 3ª Conferência Pan-Americana. Histórico da 3ª Conferência Pan-Americana. Códice: 273/3/15, 4ª Conferência Pan-Americana. Histórico da 4ª Conferência Pan-Americana. Códice: 273/3/16, 5ª Conferência Pan-Americana. Histórico da 5ª Conferência Pan-Americana. Códice: 273/3/17, 6ª Conferência Pan-Americana. Histórico da 6ª Conferência Pan-Americana.

proposta de união aduaneira encabeçada pelos EUA e a controvérsia em torno da arbitragem. Veremos nos próximos capítulos como esses temas foram influenciados pelos dois discursos dos quais tratamos: o pan-americano (liderado pelos EUA) e o latino-americano (liderado pela Argentina).

3

A UNIÃO ADUANEIRA

AS DISCUSSÕES EM TORNO DE UMA possível união aduaneira entre os países do continente americano não tem sua origem nos projetos recentes de integração regional, como, por exemplo, as propostas da Alca ou as do Mercosul. Este assunto, ao contrário, já era discutido por alguns países americanos desde o final do século XIX, sendo formalizado pela primeira vez na Conferência de Washington (1889-1890).

Entretanto, o projeto de união aduaneira proposto na Primeira Conferência tinha um significado um pouco diferente do que compreendemos atualmente,[1] pois se comparado com a

---

[1] A partir da Segunda Guerra Mundial, surgiram formas de integração bem mais complexas que as pensadas no século XIX, contando com etapas que variam segundo a intensidade da união econômica dos membros de determinados blocos econômicos. Segundo Daniel Freire de Almeida, existem atualmente quatro principais formas de integração: "(...) fala-se em **Área de Livre Comércio** (...) quando as barreiras visíveis (...) aplicadas ao comércio entre países sócios são eliminadas. (...) [e] há entre os países membros, liberdade de movimentos da generalidade dos produtos, mantendo, todavia, cada um deles a possibilidade de seguir uma política comercial própria em relação ao exterior. (...) A **União Aduaneira** (...) além de terem o comércio livre entre eles, os Estados-Membros decidem cobrar tributos iguais para o comércio com países que não são sócios do Grupo. Esses tributos são chamados de Tarifa Externa Comum, ou TEC.

noção que temos hoje de integração econômica regional, os assuntos econômicos abarcados por este foro diplomático eram consideravelmente reduzidos, centrando-se em questões relativas ao desenvolvimento e regulamentação do comércio americano a partir, principalmente, do estabelecimento de tarifas alfandegárias comuns.

Veremos que o projeto de união aduaneira, encabeçado pelos EUA teve a Argentina como principal oponente. Além disso, demonstraremos como a não adesão à proposta norte-americana de união alfandegária fez com que a Primeira Conferência fosse percebida pela maioria dos países latino-americanos como um fracasso da diplomacia dos EUA.

> Portanto, a União Aduaneira é criada para eliminar restrições aduaneiras ao intercâmbio de mercadorias entre países Partes e para estabelecer uma política tarifária uniforme (ou política comercial) com relação a países não-Partes do Bloco. Dentro deste contexto, ainda pressupõe a negociação conjunta de qualquer acordo com países terceiros, para que se denote a conclusão desta etapa. (...) [O] **Mercado Comum** além da Tarifa Externa Comum e do livre comércio entre sócios, permite que pessoas de um país membro do Grupo trabalhem no outro, como se fossem nascidas ali. (...) [Além disso] as empresas podem se instalar ou investir indiscriminadamente em qualquer dos países sócios, [há o] estabelecimento de Políticas Comunitárias ou políticas comuns aos países membros do bloco (...) [e] esta etapa de integração é caracterizada pelo afastamento não só das barreiras alfandegárias ao comércio como também pelo afastamento das barreiras não visíveis (...) que impedem a concorrência plena entre as economias. Finalmente, a **União Econômica e Monetária** é o tipo mais avançado de integração, quando, além de todas as características descritas anteriormente, os países têm a mesma moeda, proporcionada pela integração de suas políticas econômicas em nível avançado". In: ALMEIDA, Daniel Freire de. "Etapas de Integração Regional nos Blocos Econômicos". Disponível em: <http//: www.lawinter.com/22008cidfalawinter.htm>. Acessado em: 03/01/2008 [destaques do autor]

Por último, neste capítulo, destacamos os demais projetos de integração apresentados nas Conferências Pan-Americanas que visavam apoiar o desenvolvimento das relações comerciais entre os países da América: Câmaras de Comércio e Propaganda; Banco Pan-Americano; União Monetária; Regulamentos Aduaneiros; Codificação do Direito Internacional Público e Privado; Código Sanitário; Regulamentação da Propriedade Literária e Artística, Patentes, Marcas de Fábrica e Comércio e Comunicações e Transportes.

OS EUA E A UNIÃO ADUANEIRA

O tema da união aduaneira não surgiu pela primeira vez no contexto pan-americano. Já antes das Conferências Pan-Americanas, alguns ensaios de formação de uma união regional se constituíram entre os países do continente. Historicamente, ao longo do século XIX, especialmente entre o período de 1831 e 1864, uma série de convenções foi assinada por nações americanas tratando, especialmente, de assuntos como: navegação, comunicação postal, alianças defensivas, tratados de paz e comércio etc. Nesses acordos, a participação dos EUA foi praticamente nula devido, sobretudo, a divisão interna entre as demandas dos Estados do norte/nordeste e do sul.[2]

A partir da segunda metade do século XIX os estados sulistas dos EUA temeram o aumento da competição na comercialização de seus principais produtos e se opuseram ao discurso pró-união americana, bem como ao envio de representantes a

---

2 SANTOS, Luís Claudio Villafañe Gomes. *O Brasil entre a América e a Europa: o Império e o Interamericanismo (do Congresso do Panamá à Conferência de Washington)*. São Paulo: Editora Unesp, 2003.

congressos que discutissem a ampliação do comércio no continente, como, por exemplo, o Congresso de Santiago (1856). Já os estados industrializados do norte e nordeste enxergavam na América Latina um importante mercado para escoar sua produção manufatureira, uma vez que a constituição desses congressos seria importante para a expansão de sua influência econômica entre os países latino-americanos.[3]

Após a Guerra Civil (1961-1865), os Estados Unidos viveram um enorme desenvolvimento baseado no protecionismo econômico a partir da aplicação de altas tarifas alfandegárias (para preservar o mercado interno de produtos industriais importados), o que permitiu com que se voltassem para o mercado externo, em especial o mercado dos países do continente americano. Assim, após a vitória da União sobre os Confederados, a diplomacia norte-americana buscou fomentar projetos que atendessem aos seus interesses comerciais. Entretanto, o projeto da união aduaneira só se concretizou duas décadas após o fim da Guerra de Secessão, quando se realizou a Primeira Conferência Pan-Americana (embora o Secretário de Estado James Blaine, desde sua campanha eleitoral à presidência dos EUA em 1884, viesse defendendo este plano).[4]

Assim, na Conferência de Washington, os EUA incluíram em seu programa a constituição de uma união aduaneira. No convite para participar do conclave, enviado aos países do continente em 1888, constava: "(...) [discutir] medidas encaminhadas

---

3   PECEQUILO, Cristina. *A Política Externa dos EUA: Continuidade ou Mudança?* Porto Alegre: UFRGS, 2003.

4   SANTOS, Luís Claudio Villafañe Gomes. *O Brasil entre a América e a Europa: o Império e o Interamericanismo (do Congresso do Panamá à Conferência de Washington)*. São Paulo: Editora Unesp, 2003, p. 106-107.

a formação de uma união aduaneira americana, que fomente enquanto seja possível e proveitoso, o comércio recíproco entre as nações americanas".[5] Segundo a Comissão que ficou responsável pelo projeto durante a Conferência, os países americanos entendiam por união aduaneira:

> (...) o estabelecimento de um mesmo território aduaneiro entre várias nações, o que significa que os Estados que formam a União cobram direitos de importação sobre mercadorias estrangeiras por uma só tarifa e dividem entre si o produto em proporção dada, recebendo reciprocamente como nacionais, e, portanto, livres de direitos os produtos naturais ou manufaturados das nações que constituem a União.[6]

Vemos pelos recortes de jornais da época que a chancelaria estadunidense e a opinião pública daquele país imaginavam que esta proposta seria muito bem recebida pelas delegações dos países latino-americanos. No entanto, o projeto foi prontamente criticado pelos representantes da Argentina e do Chile e visto com ressalva pelos delegados dos demais países do continente.[7]

Roque Sáenz-Peña foi o mais enfático opositor do projeto de união aduaneira na Conferência de Washington, pois acreditava que uma união aduaneira (principalmente com um país industrializado como os EUA) seria ruim para as economias dos países latino-americanos, que viviam da exportação de seus produtos agrícolas (muitos deles dependentes da economia europeia). Para a maior parte

---

5 *Conferências Internacionales Americanas (1889-1936).* Washington: Dotación Carnegie para la Paz Internacional, 1938, p. 3 [tradução minha].

6 *Idem,* p. 3 [tradução minha].

7 Códice: 273/3/4, 1ª Conferência Pan-Americana. Histórico da 1ª Conferência Pan-Americana.

dos países da região, a principal forma de arrecadação era a taxação sobre a importação de manufaturados, e por não serem economias industrializadas, os países latino-americanos não deveriam correr o risco de abrir suas portas para os produtos manufaturados dos EUA sem obterem o mesmo lucro em retorno.[8]

Com o intuito de barrar esta proposta, a Argentina e o Chile pressionaram os representantes dos demais países latino-americanos que compunham a Comissão da União Aduaneira, responsável por elaborar o projeto, a não aceitar as prerrogativas da chancelaria estadunidense. Desse modo, como os interesses eram muito diversos, ao final da Conferência, a Comissão não conseguiu apresentar um único ditame sobre o tema. Ao contrário, houve um "Ditame da Maioria" e outro "Ditame da Minoria".

O "Ditame da Maioria" contou com a aprovação dos delegados do Brasil, Colômbia, México, Nicarágua, Venezuela e EUA (estes últimos com reservas). O ditame, de caráter conciliador, defendia o princípio do livre-comércio, mas destacava as dificuldades em realizar uma união aduaneira no continente:

> (...) adoção deste plano exigiria, como condição prévia, a alteração das leis fundamentais das nações que o aceitassem. Ainda no caso de que estivessem dispostas a fazer tais alterações, todavia haveria que se vencer dificuldades quase insuperáveis.[9]

---

8   Códice: 273/3/4, 1ª Conferência Pan-Americana. Entrevista de Roque Sáenz-Peña para o jornal "New York Harold", documento com data ilegível.

9   *Conferências Internacionales Americanas (1889-1936)*. Washington: Dotación Carnegie para la Paz Internacional, 1938, p. 33 [tradução minha]. O "Ditame da Maioria" ainda recomendava a adoção de um gradualismo para promover um maior intercâmbio entre as nações do continente: "(...) a celebração de tratados de reciprocidade parcial entre as nações americanas em virtude dos quais

Para o grupo que defendia este ditame, a adoção da união aduaneira prejudicaria os países americanos pois:

> (...) todas as nações americanas derivam suas principais rendas dos direitos arrecadados sobre o comércio exterior, e as que não são manufatureiras sofreriam uma redução mais ou menos considerável nos seus rendimentos, das que dependem, em grande parte, para cobrir seus gastos públicos; e as manufatureiras, como os Estados Unidos da América, teriam que prescindir, ao menos parcialmente, do sistema protecionista que tem adotado, em maior ou menor escala, e não parecem contudo preparadas para dar este paço.[10]

Além disso, a adoção desse plano exigiria a alteração das leis das nações que o aceitassem, e mesmo que os países estivessem dispostos a fazer tais alterações, teriam que ser fixadas as bases de representação de cada país em uma Assembleia Internacional, órgão que estaria autorizado a formar uma tarifa comum e modificá-la quando fosse necessário:

> Seria necessário criar dois corpos, um que representasse a população e sua riqueza e o outro os Estados, como se resolveu este problema na constituição dos Estados Unidos da América. Porém, no entender da Comissão, este árbitro, além de exigir sacrifício parcial da soberania de cada Estado Americano, requereria na sua constituição mudanças mais radicais do que (...) se acham os Estados dispostos a aceitar.[11]

---

a cada uma convenha remover ou reduzir seus direitos de importação sobre alguns dos produtos naturais ou manufaturados de um ou mais dos outros países em troca de que estes façam concessões semelhantes e equivalentes".

10 *Idem*, p. 33.

11 Códice: 273/3/4, 1ª Conferência Pan-Americana. Carta de 17 de setembro de 1890.

Por sua vez, o "Ditame da Minoria", assinado pelos delegados da Argentina e do Chile, continha um caráter muito mais radical, rechaçava "o projeto de uma liga aduaneira entre as nações da América" e não apresentava qualquer recomendação à Conferência.[12] Para os delegados argentinos e chilenos, essa proposta não permitia vantagens mútuas, uma vez que não levava em conta a circulação de matérias-primas (basicamente produzidos pelos latino-americanos) e privilegiava os produtos industriais produzidos pelos norte-americanos. Outro grave problema encontrado por estes delegados se refere às assimetrias entre os países no que diz respeito a extensão territorial, a população e a riqueza nacional (se esses elementos fossem usados como base de cálculo, isso poderia prejudicar os Estados pequenos que ficariam sem garantias para os seus interesses).[13]

As diferenças internas entre a delegação estadunidense também é responsável pelo rechaço à proposta de união aduaneira por parte dos países latino-americanos. Os representantes estadunidenses tiveram que conciliar os interesses econômicos antagônicos dos partidos Republicano e do Democrata durante as sessões da Conferência. De um lado, havia os interesses protecionistas dos setores econômicos que seriam afetados pelas importações dos produtos latino-americanos sem tarifas alfandegárias (o Congresso dos EUA estava discutindo a aprovação de novas tarifas alfandegárias paralelamente às sessões da Conferência Pan-Americana). De outro lado, havia interesses de industriais e

---

12 Conferências Internacionales Americanas (1889-1936). Washington: Dotación Carnegie para la Paz Internacional, 1938, p. 35 [tradução minha].

13 Códice: 273/3/4, 1ª Conferência Pan-Americana. Histórico da 1ª Conferência Pan-Americana.

comerciantes preocupados em exportar produtos manufaturados em larga escala para os países do continente.

Assim, a partir da análise da documentação, vemos que a disputa interna na delegação dos EUA abriu espaço para que as nações latino-americanas pudessem defender seus próprios interesses. Como afirmamos acima, os delegados argentinos e chilenos assinalavam as contradições no plano estadunidense, uma vez que estes propunham uma união aduaneira mas permaneciam protecionistas, com produtos "sensíveis" (como, por exemplo, a lã) que não entrariam nos acordos que seriam firmados para por em prática a união aduaneira:

> A delegação argentina operou, em parte, como agente inglês-europeu no continente, mesmo quando seus representantes diziam estar defendendo os interesses nacionais. (…) O que queriam os delegados argentinos nesta primeira conferência? Impedir todo o avanço concreto de Washington no continente e, ao mesmo tempo, pressionar para que se abrisse o mercado estadunidense para os exportadores de lã argentinos. A lã era por estes anos uma das principais exportações nacionais, mas não alcançava o mercado estadunidense, que estava protegido. A oposição a união aduaneira proposta pelo país do Norte não se explicava por nenhum tipo de postura que tendesse a proteger a produção industrial local, senão que tinha por objetivo pressionar para aprofundar o livre comércio, chave na inserção econômica internacional agroexportadora que protagonizava o país do sul. Por isso, a delegação argentina, sabendo das dificuldades de seu país para ampliar sua participação no mercado estadunidense, operaria como um obstaculizador das propostas estadunidenses. O lema de "América para a Humanidade", pronunciado por Saenz Peña, poderia ler-se como "América com Europa", claramente contrário a "América para os (norte)

americanos", proposta várias décadas antes por Monroe e reatualizado na última década do século XIX.[14]

Nos jornais latino-americanos essa contradição do projeto norte-americano ficava muito evidente. A maior parte dos periódicos argentinos, durante a Conferência de Washington, apontavam a hipocrisia do plano estadunidense e afirmavam que estes pregavam uma união aduaneira para reforçar o comércio continental ao mesmo tempo em que se negavam a assinar acordos que poderiam prejudicar sua política protecionista. Para Leandro Morgenfeld:

> [A] Argentina, como a maioria dos outros países latino--americanos, não estava disposta a arriscar as receitas que advinham da aduana de seu país, nem tampouco por em risco seu vínculo de complementariedade subordinada com a Europa, por meio de uma união aduaneira com os Estados Unidos e o resto do continente, com os quais mantinha uma relação comercial bem mais exígua.[15]

Ainda para Morgenfeld, a Casa Rosada priorizava dois eixos de ação nas Conferências Pan-Americanas: um econômico, ao buscar novos mercados no continente ao mesmo tempo em que continuava comercializando com os países europeus (em especial a Inglaterra), e o segundo, político, com o qual tentava frear o avanço dos EUA no continente, que, desde a Primeira Conferência, mantinham uma atitude "construtiva" (negociadora

---

14 MORGENFELD, Leandro. *Argentina y Estados Unidos en las Conferencias Panamericanas (1880-1955)*. Buenos Aires: Continente, 2011, p. 94 [tradução minha].

15 *Idem*, p. 83-84 [tradução nossa].

e conciliadora); já a Argentina, sustentava uma atitude "obstrucionista" que:

> (...) pode ser constatada revisando todos os incidentes que protagonizou a delegação argentina, ao enfrentar os anfitriões na discussão formal sobre como deveria acontecer na conferência. Contestou a eleição do secretário e do presidente – Blaine – da conferência, se recusou a participar da excursão oficial por várias cidades que organizaram os anfitriões – pensada para mostrar, em um largo périplo a bordo de um "trem-palácio", os avanços industriais da grande nação do Norte –, apresentou suas objeções frente a heterogeneidade de opiniões dos dez delegados norte-americanos – afirmando que deviam expressar a posição unânime do governo estadunidense – exigiu que as atas fossem lidas não só em inglês, mas também em espanhol (e a designação de outro secretário da conferência que falasse essa língua) e se opôs a que se tratara qualquer ponto que não figurasse expressamente no programa original, entre outras questões de forma.[16]

O México e o Brasil, da mesma forma, embora tenham assinado o "Ditame da Maioria", tinham razões muito claras para não apoiar, de fato, a proposta de união aduaneira. Os delegados mexicanos, em entrevistas aos jornais se seu país, afirmavam que negaram o projeto em função das grandes diferenças que existiam entre as economias do México e dos EUA e que preferiam, no lugar de uma união aduaneira entre as nações do continente, firmar acordos bilaterais com aquelas que mais vantagens trouxessem para o México.[17] Segundo Victor Arriaga:

---

16 *Idem*, p. 80.

17 Códice: 273/3/4, 1ª Conferência Pan-Americana. Histórico da 1ª Conferência Pan-Americana. Um dos jornais publicados no México

Levando em conta a assimetria da economia estadunidense frente à mexicana, a integração de uma união com uma tarifa externa comum implicava vários riscos para o desenvolvimento econômico autônomo do México. Esta proposta entrava em contradição direta com a estratégia do regime do general [Porfírio] Díaz de equilibrar os interesses econômicos estrangeiros a fim de evitar o domínio desmedido dos Estados Unidos. Ao conseguir interferir nas pretensões iniciais sobre o tema aduaneiro, a delegação do México conseguiu fazer do foro pan-americano um instrumento para complementar sua política bilateral com os Estados Unidos.[18]

Já no caso brasileiro, embora o Itamaraty acreditasse que a união aduaneira não era a melhor opção para o país, nossos delegados tentaram não enfrentar abertamente os EUA, com o receio de prejudicar as boas relações que o Brasil vinha tendo com a Casa Branca, principalmente após a Proclamação da República.[19] Interessava ao governo brasileiro estreitar laços comerciais com os EUA que não demandassem firmar um acordo aduaneiro com as demais nações americanas, muitas delas concorrentes diretas

---

que mais deram destaque para os delegados mexicanos na Primeira Conferência Pan-Americana foi o periódico "The Mexican Herald", que além de publicar os discursos dos delegados, trazia entrevistas e grandes artigos sobre o tema da união aduaneira e dos tratados bilaterais.

18 ARRIAGA, Victor A. "México y los inicios del movimiento pan-americano (1889-1890)". In: BLANCARTE, Roberto (comp.). *Cultura e Identidad Nacional*. México: FCE, 1994, p. 122 [tradução minha].

19 Após a Proclamação da República Salvador de Mendonça fez algumas conferências junto com o Secretário de Estados James Blaine em entidades estadunidenses com o objetivo de conseguir o reconhecimento do novo regime pelos Estados Unidos, o que ocorreu em 29 de janeiro de 1890. BUENO, Clodoaldo. *A república e sua política exterior: 1889 a 1902*. São Paulo: Editora Unesp; Brasília: Funag, 1995, p. 107-112.

do Brasil no mercado norte-americano.[20] O delegado brasileiro Salvador de Mendonça, ao tratar da Primeira Conferência Pan-Americana, afirma que foi um dos principais responsáveis por convencer Blaine de que os EUA deveriam assinar o "Ditame da Maioria", mesmo com ressalvas.[21]

Segundo relatório sobre a questão aduaneira elaborado em 1901 pelo funcionário do Ministério da Fazenda do Brasil, Allonso B. Franco, dirigido ao Ministro da Fazenda, Olyntho de Magalhães, cujo objetivo era tratar da situação do regime fiscal do Brasil e da proposta de união aduaneira, podemos perceber que a questão era muito polêmica e pouco convinha a países como o Brasil:

> Se não me falha a memória a Comissão americana não che-gou a acordo definitivo. Sustentaram uns a conveniências de tratados ou convenções (...) opinaram outros pela adapta-ção de uma liga aduaneira entre as nações da América. A liga aduaneira me parece uma utopia. Semelhante liga pressu-põe uma uniformidade de imposto sobre importação que é absurda e incompatível com a tarifa de alfândegas que deve mais ou menos representar para cada país a cota que se pre-cisa o respectivo governo para fazer face as suas despesas. A tarifa varia com a variação da indústria, com as produções na-turais do solo, com as necessidades econômicas do país, com a própria situação geográfica da nação, e finalmente depen-dendo de tantas e tão complexas relações, que é impossível

---

20 MENDONÇA, Salvador de. *A situação internacional do Brasil*. Rio de Janeiro: Livraria Garnier, 1913.

21 Códice 962/L371/5749, 1ª Conferência Pan-Americana. Relatório sobre a Primeira Conferência Internacional Americana, elaborado por Salvador de Mendonça, de 05 de abril de 1890.

estabelecer em uma liga aduaneira entre duas ou mais nações. Este alvitre foi, aliás, rejeitado na Primeira Conferência.[22]

Assim, essa uniformização de impostos dependia de tão complexas relações, que ficava difícil estabelecer uma união aduaneira entre duas ou mais repúblicas americanas,[23] pois era imprescindível antes de estabelecer convenções comerciais, firmar previamente as bases de vantagens recíprocas entre os países contratantes e transpor obstáculos tais como:

> (...) atentar para o equilíbrio das relações entre as repúblicas, quando se tratasse de países dos quais um é mais próspero que o outro; verificar a capacidade de consumo dos produtos e a densidade de direitos que sobre eles pesassem; estudar as condições presentes e futuras dos países, pois o desenvolvimento do comércio era descentrado e diverso.[24]

Em correspondência reservada ao Ministro da Fazenda Ruy Barbosa, a respeito dos acordos de reciprocidade, Salvador Mendonça afirmou que, se os EUA não fizessem tratados com o Brasil – que supria 75% do mercado norte-americano de açúcar – eles seriam obrigados a fazê-los com as colônias espanholas no Caribe. Portanto, para Mendonça, o governo brasileiro deveria negociar cautelosamente com o governo estadunidense os

---

22 Códice: 273/3/6/8, 2ª Conferência Pan-Americana. Histórico da 2ª Conferência.

23 *Idem*. Observações feitas pelo Ministro dos Negócios da Fazenda, Allonso B. Franco, para a delegação brasileira em 20.09.1901, em relação, principalmente, ao regime fiscal, regulamentos, impostos marítimos, simplificação dos processos classificação e de formalidades sobre manifestos do Brasil.

24 *Ibidem*.

acordos comerciais, já que os dois países travavam relações muito próximas naquele momento:

> (...) será conveniente outras guerras de tarifas com os EUA, agora em tão estreitas relações de amizade com o Brasil? Isto em relação aos interesses políticos? Quanto aos interesses econômicos sim, pois o Brasil, de 15 milhões de habitantes tem nos EUA um forte mercado (o Brasil deve ter livre acesso de seus produtos a este mercado) com 65 milhões de habitantes. (...) Continuo a pensar que o melhor a fazer é a realização do tratado, no qual trabalho há anos, e que se houvesse miolos nos últimos anos do Império, estaria pronto desde o ano passado [1889]. A meu ver, votado o projeto de [reciprocidade] não devemos perder tempo, e sermos os primeiros a tomar conta do terreno, em que teremos um quase monopólio, pois desde que os Estados Unidos não celebrem tratados semelhantes, que não celebrarão, com a Espanha e a Inglaterra, nenhum outro país poderá aqui concorrer conosco em suprimento de açúcar. Cuba, Porto Rico, Jamaica e Trinidad são atualmente as únicas procedências que poderiam fazer-nos sombra.[25]

O tratado ao qual se refere Mendonça foi o primeiro acordo de reciprocidade firmado pelos EUA após o término da Primeira Conferência (em 31 de janeiro de 1891). Esse acordo ficou conhecido pelo nome de *Blaine-Mendonça* e consistia em trocar benefícios comerciais por respaldo político (produtos agrícolas e manufaturados com isenção de taxas alfandegárias).

Assim, o Brasil pretendia garantir o acesso de seus principais produtos (café e açúcar) em condições favorecidas no mercado estadunidense e em contrapartida os EUA teriam uma redução

---

25 Códice: 273/3/4, 1ª Conferência Pan-Americana. Carta de Salvador de Mendonça para Rui Barbosa de 17 de setembro de 1890.

das tarifas brasileiras aplicadas as manufaturas e a farinha. Para Bueno, "o argumento reiterado por Blaine era de que se necessitavam de mais íntimas relações comerciais para que houvesse estreitamento de relações políticas".[26] Como se vê na fala de Mendonça citada acima, o Brasil procurava ter o "quase monopólio" da venda do açúcar para os EUA, o que acabou não sendo contemplado no tratado em função de medidas protecionistas, neste caso, adotadas pelo governo brasileiro. Ainda segundo Mendonça:

> (...) a oposição a esse Convênio resultou tanto do desconhecimento dos nossos interesses políticos e comerciais (...) como do prejuízo que receavam sofrer alguns interesses particulares com essa modificação de nossa tarifa. A época era de muitas esperanças na criação de novas indústrias manufatureiras no Brasil, avassalando o bom senso nacional a errônea doutrina do protecionismo (...).[27]

---

26 BUENO, Clodoaldo. *A república e sua política exterior: 1889 a 1902*. São Paulo: Editora Unesp; Brasília: Funag, 1995, p. 120.

27 MENDONÇA, Salvador de. A situação internacional do Brasil. Rio de Janeiro: Livraria Garnier, 1913, p. 187. Ainda sobre esta questão, Gabriel Terra Pereira descreve que: "A avaliação feita pelo grupo [comissão formada para analisar o comércio com os Estados Unidos] indicava que a importação de alguns produtos, como o algodão manufaturado, a farinha de trigo e o querosene, sem taxação, poderia concorrer com a produção brasileira e beneficiar outras nações. No quadro da exportação, os produtos brasileiros que entravam em abundância nos Estados Unidos eram o café, a borracha, o açúcar e o cacau, e somente o terceiro pagava direitos alfandegários. Nesse sentido, (...) o Brasil poderia oferecer isenção de direitos sobre o querosene norte-americano, escasso no País, pela livre entrada do açúcar brasileiro naquele mercado. (...) [e mesmo após o acordo ser denunciado pelos EUA em 28 de agosto de 1994] A comunicação entre o governo norte-americano e o brasileiro, por meio de Salvador de Mendonça, não cessou, apesar das críticas ao acordo, e, ao contrário, intensificou-se pelos anos de 1893 e 1894, quando um novo incidente no Brasil [Revolta

Na busca por medidas práticas para o estabelecimento da união aduaneira, figurou também nas Conferências Pan-Americanas, a temática acerca da instituição de um Banco Internacional Americano, que seria um passo fundamental no caminho dessa união. Na Primeira Conferência foi recomendado o estabelecimento de um banco com o nome de União Monetária Internacional Americana. Ainda, como uma natural consequência da união aduaneira, os Estados Unidos esperavam que fosse criada uma moeda única para todos os países adeptos do pan--americanismo (união monetária continental baseada no dólar sob controle estadunidense). Porém, essas propostas também não foram levadas à diante (ainda que tenham constado nos programas de outras Conferências).[28]

Desse modo, mesmo após os EUA terem tido uma derrota política e econômica na Primeira Conferência, o assunto da união aduaneira figurou ainda em alguns debates diplomáticos do final do século XIX e primeiras décadas do século XX. Em 1900, por exemplo, constou da pauta de negociações comerciais do Brasil. Nesse ano, o representante do Brasil nos EUA, Assis Brasil, propôs a abolição gradual das alfândegas entre o Brasil, Argentina, Chile e Uruguai e a criação de uma "confederação para fins pacíficos, com vistas ao intercâmbio comercial e à defesa mútua", que não estava bem delineada. Essa proposição não

---

da Armada] fez o governo de Floriano Peixoto acionar o diplomata nos Estados Unidos". In: PEREIRA, Gabriel Terra. *A diplomacia da americanização de Salvador de Mendonça (1889-1898)*. São Paulo: Cultura Acadêmica, 2009, p. 104-105.

28 *Conferências Internacionales Americanas (1889-1936)*. Washington: Dotación Carnegie para la Paz Internacional, 1938, p. 33.

foi adiante. Já em 1909, o barão do Rio Branco a retomou em seu projeto de Tratado Cordial de Inteligência e Arbitramento, denominado projeto do Pacto do ABC, reunindo a Argentina, Brasil e Chile.[29]

Na Segunda Conferência Pan-Americana, os EUA tentaram diminuir o impacto da derrota da conferência anterior sobre a moeda comum e a união aduaneira e se centraram no tema dos tratados comerciais bilaterais. A partir da Conferência do México, os estadunidenses deixaram de apresentar formalmente a sua proposta de união aduaneira, que vinha nas entrelinhas dos programas. Assim, para evitar os desastres da Primeira Conferência, na qual a Argentina barrou seus principais projetos (união aduaneira e arbitragem), a chancelaria norte-americana passou a dar ênfase aos acordos comerciais que auxiliassem os exportadores norte-americanos a escoar suas mercadorias para os países da região e aos projetos de integração que tinham o objetivo de incrementar o comércio entre os países americanos.

A partir da documentação analisada, vemos que nas demais conferências, a Argentina manteve uma forte campanha contra o protecionismo norte-americano, uma vez que a política econômica do Partido Republicano seguia defendendo os interesses da aristocracia agrária. Constava no programa da Sexta Conferência, por exemplo, o tema da "redução das tarifas aduaneiras", o que gerou fortes debates entre os diplomatas argentinos e estadunidenses.

---

29 *Apud* SUPPO, Hugo Rogélio. *Ciência e Relações Internacionais, o Congresso de 1905*. In: *Revista da SBHC*, n. I, 2003, p. 6-20.

Vale destacar que no período que corresponde as Seis Conferências Pan-Americanas analisadas neste livro (1889-1928), os EUA tiveram 8 presidentes da República. Deste total, seis pertenciam ao Partido Republicano (Benjamin Harrison, William McKinley, Theodore Roosevelt, William H. Taft, Warren G. Harding e Calvin Coolidge) e dois ao Partido Democrata (Groover Cleveland e Woodrow Wilson).[30]

Esse predomínio do Partido Republicano trouxe consequências para as Conferências Pan-Americanas, uma vez que este partido historicamente defendeu a adoção de medidas protecionistas. Na verdade, neste período, os dois partidos aprovaram medidas que, ao mesmo tempo, mantinham o protecionismo (ex. Tarifa McKinley), e outras que combatiam os monopólios ao declarar os trustes ilegais (ex. Lei Sherman), ambas de 1890.[31]

---

30 Na sequência destacamos a ordem dos mandatos presidenciais nos EUA: Benjamin Harrison (1889-1893), Groover Cleveland (1893-1897), William McKinley (1897-1901), Theodore Roosevelt (1901-1909), William H. Taft (1909-1913), Woodrow Wilson (1913-1921), Warren G. Harding (1921-1923) e Calvin Coolidge (1923-1929). Já os presidentes dos EUA durante as Conferências temos: Primeira Conferência – Benjamin Harrison (republicano); Segunda Conferência – Theodore Roosevelt (republicano); Terceira Conferência – Theodore Roosevelt (republicano); Quarta Conferência – Woodrow Wilson (democrata); Quinta Conferência – Warren G. Harding (republicano) e Sexta Conferência – Calvin Coolidge (republicano). "Presidentes". Disponível em: http://www.whitehouse.gov/about/presidents. Acessado em: 07/01/2006.

31 TOPIK, Steven C. *Trade and Gunboats: The United States and Brazil in the Age of Empire*. Stanford: Stanford University Press, 1996.

Outros projetos de integração

Por pressão da diplomacia norte-americana, que controlava o Bureau Internacional das Repúblicas Americanas (depois de 1910 – União Pan-Americana), o tema do desenvolvimento das relações comerciais entre os países da América constou categoricamente em todos os programas das seis Conferências Pan-Americanas analisadas. Como os EUA não lograram estabelecer a união aduaneira entre os países pan-americanos proposta na Primeira Conferência, passaram a fomentar dali em diante tratados de reciprocidade e outros projetos de integração.

Os programas das Conferências tinham como metas gerais: incentivar "à celebração de tratados de comércio", a maior "divulgação possível de dados estatísticos e comerciais" e o estímulo de "medidas tendentes a desenvolver e ampliar as relações comerciais".[32] Assim, houve a inserção de muitos assuntos correlacionados a união aduaneira que foram reunidos nas pautas de discussão das relações comerciais nas cinco Conferências Pan-Americanas subsequentes.

Nesse sentido, percebemos que a proposição dos EUA de certos temas relacionados à união aduaneira que aparecem nas demais Conferências estudadas, constituem-se em dispositivos para facilitar uma futura união aduaneira que viria de forma gradativa através do estabelecimento de medidas afins. Essas medidas poderiam se consolidar, por exemplo, com a formação de Câmaras de Comércio e Propaganda, e por esse meio seria

---

32 *Conferências Internacionales Americanas* (1889-1936). Washington: Dotación Carnegie para la Paz Internacional, 1938.

tratado o comércio e a indústria, o que acabou sendo recomendado em uma resolução na Quinta Conferência.

A esse respeito foi aprovada, também em 1928, uma resolução que recomendava que se organizassem Câmaras de Comércio nos centros comerciais do continente americano onde existia um movimento de exportação e importação, cuja importância justificasse o estabelecimento de tais associações e que estas Câmaras deveriam celebrar entre si convênios para a arbitragem extrajudicial das questões mercantis.[33] Essas medidas foram tomadas no intuito de estreitar as relações comerciais dos diversos países americanos, e em parceria com as Câmeras de Comércio, foram frequentes as trocas de publicações referentes aos assuntos econômicos dos países membros.[34]

Além disso, a Sexta Conferência de 1928 também recomendou uma reforma na legislação americana no sentido de permitir a organização de Sociedades Anônimas,[35] que seriam responsáveis por preparar a celebração de Feiras Periódicas Interamericanas de Amostras.[36] Essas feiras, comuns desde a década de 90 do século XIX, foram muito importantes para fomentar o comércio entre os países representados nas Conferências Pan-Americanas e tiveram lugar nas grandes capitais do continente.

---

33 Códice: 273/3/17, 6ª Conferência Pan-Americana. Histórico da 6ª Conferência Pan-Americana.

34 *Idem.*

35 Códice: 273/3/17, 6ª Conferência Pan-Americana. Histórico da 6ª Conferência Pan-Americana.

36 Códice: 962.V/L230/3785, 5ª Conferência Pan-Americana. Telegrama de Amaral para Felix Pacheco, em 18.05.1923.

Outra temática, de cunho prático, bastante discutida no seio das Conferências, foi a questão dos regulamentos aduaneiros, pois todas as seis Conferências recomendaram a classificação, o exame e a avaliação das mercadorias, os recibos, as declarações e a imposição dos direitos de alfândegas e medidas para uniformizar os procedimentos.

A Comissão que estudou o assunto na Primeira Conferência propôs que se adotassem "métodos fáceis, expeditos e uniformes, fazendo indicações, quanto à matéria e quanto a sua forma".[37] Na Segunda Conferência, foram elaborados numerosos estudos sobre os temas que circundavam as legislações fiscais dos países envolvidos no encontro. Quanto ao regulamento das alfândegas, o Brasil, por exemplo, necessitava de uma revisão em suas disposições, pois algumas eram letras mortas e outras, em grande número, não se harmonizavam com as leis publicadas e não eram compatíveis com o novo regime político inaugurado em 15 de novembro de 1889.[38]

No programa da Terceira Conferência configurou o estudo sobre a "simplificação da coordenação das leis aduaneiras" que se referiam "à entrada e despacho de navios e mercadorias".[39] Uma resolução da dita Conferência buscava criar uma Seção Especial de Comércio, Alfândegas, e Estatística Comercial, dependente da Secretaria Internacional das Repúblicas Americanas, para o

---

37 Códice: 273/3/17, 6ª Conferência Pan-Americana. Histórico da 6ª Conferência Pan-Americana.

38 Códice: 273/3/7, 2ª Conferência Pan-Americana. Histórico da 2ª Conferência Pan-Americana.

39 Códice: 273/3/10, 3ª Conferência Pan-Americana. Programa da 3ª Conferência Pan-Americana.

fim de estudar especialmente a legislação aduaneira. Porém, tal tarefa parece não ter sido levada a cabo de maneira consistente, pois segundo o relatório do diretor da Secretaria Internacional, de Washington:

> A resolução foi tomada em especial consideração etc. Mas tropeçou em duas grandes dificuldades: 1ª) falta de verba suficiente para aperfeiçoar a organização e empregar os necessários conhecedores na matéria numa Seção nessa ordem; 2ª) a impossibilidade de conseguir das Comissões Pan-Americanas os dados e informações necessárias para por em prática o que estabelece a resolução.[40]

Era recomendado ainda que o Conselho da União Pan-Americana enviasse a cada país um especialista em assuntos de aduana, a fim de reunir leis e regulamentos aduaneiros e publicá-los de modo a facilitar o estudo comparativo dessas disposições e a servir de livro de consulta para o comércio internacional. Foi decidido também, que o conselho da União Pan-Americana remeteria aos governos, um ano antes da data de cada Conferência, um relatório sobre os seguintes assuntos:

> (...) impostos sobre a navegação; documentos exigidos para despachos nas alfândegas e possibilidade de adotar um modelo uniforme; vantagens e inconvenientes dos diversos sistemas de avaliação das mercadorias para pagamento de direitos aduaneiros e formação de estatísticas comerciais; organização das repartições das alfândegas e trâmites do

---

40 Códice: 273/3/10, 3ª Conferência Pan-Americana. Histórico da 3ª Conferência Pan-Americana.

despacho aduaneiro e vocabulário uniformizando a designação de produtos, em espanhol, inglês, português e francês.[41]

Outro tema de capital importância para ampliar o comércio entre os países da América e fomentar a integração seria a elaboração de um conjunto de fundamentos jurídico-políticos unificado, por isso o grande esforço desempenhado pelos países da região para a Codificação do Direito Internacional Público e Privado. Isso porque era necessário criar no campo econômico uma legislação que amparasse as relações comerciais, pois era fundamental legitimar os acordos e os tratados, uma vez que a "criação de instrumentos de normas e regras para regular as ações de disputas, controvérsias e divergências" dos países americanos, proporcionaria maior estabilidade para as relações comerciais.[42]

---

41 Códice: 273/3/10, 3ª Conferência Pan-Americana. Histórico da 3ª Conferência Pan-Americana, em 28.07.1906. Códice: 273/3/15, 4ª Conferência Pan-Americana. Histórico da 4ª Conferência Pan-Americana. Códice: 273/3/16, 5ª Conferência Pan-Americana. Histórico da 5ª Conferência Pan-Americana. Códice: 273/3/16, 5ª Conferência Pan-Americana. Histórico da 5ª Conferência Pan-Americana. Códice: 273/3/17, 6ª Conferência Pan-Americana. Histórico da 6ª Conferência Pan-Americana. Códice: 273/3/7, 2ª Conferência Pan-Americana. Histórico da 2ª Conferência Pan-Americana. As funções da União Pan-Americana foram aumentando gradativamente no decorrer das Seis Conferências Pan-Americanas estudadas. Primeiramente, ela era encarregada de compilar e distribuir informações comerciais, principalmente, as tarifas aduaneiras, regulamentos, tratados e estatísticas. Administrava e era encarregada ainda, de reunir o material da Biblioteca Colón e de registrar e guardar os tratados e convênios interamericanos. A estrutura da União Pan-Americana também foi evoluindo em sua organização de acordo com o que a ela era incumbido pelas Conferências Pan-Americanas.

42 Códice: 273/3/17, 6ª Conferência Pan-Americana. Histórico da 6ª Conferência Pan-Americana. Apesar das primeiras discussões do Direito

Por sua vez, a regulamentação de um Código Sanitário Pan-Americano auxiliaria igualmente o desenvolvimento das relações comerciais entre os países pan-americanos, pois a questão da saúde, muitas vezes, era o reflexo das guerras e epidemias e, como consequência disso, poderia se instituir as quarentenas nos portos marítimos, prejudicando dessa forma, o fluxo de mercadorias entre os países.[43]

Internacional Americano terem tido início no Congresso do Panamá, em 1826, tentou-se, desde as últimas décadas do século XIX, elaborar um conjunto de ações políticas, de declarações diplomáticas e de soluções jurídicas para dirimir conflitos e práticas cotidianas que envolviam as relações entre os Estados americanos. Resultado desse esforço foi o Código Bustamante, objeto da Convenção aprovada em 1928, pela Sexta Conferência Pan-Americana. O Código Bustamante só foi possível, graças às Conferências Pan-Americanas, pois desde a Conferência de Washington até a Conferência de Havana, houve inúmeros estudos paralelos e publicações sobre o assunto financiado pelos países que participaram das Conferências.

43 Códice: 273/3/4, 1ª Conferência Pan-Americana. Histórico da 1ª Conferência Pan-Americana. Códice: 273/3/7, 2ª Conferência Pan-Americana. Histórico da 2ª Conferência Pan-Americana. Códice: 273/3/10, 3ª Conferência Pan-Americana. Histórico da 3ª Conferência Pan-Americana. Códice: 273/3/15, 4ª Conferência Pan-Americana. Histórico da 4ª Conferência Pan-Americana. Códice: 273/3/16, 5ª Conferência Pan-Americana. Histórico da 5ª Conferência Pan-Americana. Códice: 273/3/17, 6ª Conferência Pan-Americana. Histórico da 6ª Conferência Pan-Americana. A questão da saúde interpretada como "questão internacional", figurou desde o princípio nas Conferências Pan-Americanas e foi um assunto muito debatido em seus encontros, pois a dimensão dos problemas da saúde não se constituía, apenas, como tema interno das nações, perpassando e intensificando a agenda de saúde como questão internacional. Devido a esse processo, as várias doenças transmissíveis levaram os governos dos países do continente a estabelecer medidas de proteção em nível nacional e internacional. Dessa forma, os países da América fomentaram, a partir das Conferências Pan-Americanas, a criação de fóruns e organismos de cooperação permanentes. Sobre este

Além de um conjunto de fundamentos jurídicos e do estabelecimento de um Código Sanitário Pan-Americano, o tema da Regulamentação da Propriedade Literária e Artística, Patentes, Marcas de Fábrica e Comércio relaciona-se também com a questão da busca por uma maior integração dos países pan-americanos, pois à crescente industrialização desse período fez com que fossem debatidos nas Conferências Pan-Americanas, os assuntos "relativos à exclusividade de produzir um determinado produto, ideia ou publicação". O maior interessado na consolidação de uma legislação internacional no continente com relação a esta questão eram os EUA, pois com essas regulamentações, este país seria o maior beneficiado pela posição que ocupava na América (e no mundo) como grande exportador de obras intelectuais.[44]

---

assunto ver: ALMEIDA, Marta de. *Das Cordilheiras dos Andes à Isla de Cuba, Passando pelo Brasil: os Congressos Médicos Latino-Americanos e Brasileiros (1888-1929)*. São Paulo: Departamento de História da USP, 2003.

44 Códice: 273/3/17, 6ª Conferência Pan-Americana. Histórico da 6ª Conferência Pan-Americana. Em Havana, na Sexta Conferência Pan-Americana, esse tema que vinha sendo discutido desde a Conferência de Washington, resultou na Convenção Geral Interamericana de Proteção de Marcas de Fábricas e Proteção Comercial. Posteriormente, a intenção de substituir e harmonizar as outras Convenções assinadas pelos países americanos, que haviam sido resultado das Conferências Pan-Americanas predecessoras, foi firmada em 22 de junho de 1946, na cidade de Washington, a Convenção Internacional de Direitos do Autor em Obras Literárias, Científicas e Artísticas. Segundo José de Oliveira Ascensão: "Em relação ao direito à propriedade industrial, esta figura como uma espécie de propriedade intelectual, pois a utilidade das criações, no âmbito empresarial ou comercial, se dá por meio da patente (invenções, modelos de utilidade, modelo industrial e desenho industrial) ou marca (de indústria, comércio ou de serviço e de expressão, ou sinal de propaganda) do produto. Ainda, se de um lado o direito preocupa-se com a proteção dos interesses técnicos,

Também se pensou no âmbito das Conferências, em como escoar os produtos produzidos pelos países da região, questão que preocupava principalmente os comerciantes estadunidenses. Uma maneira de resolver esse problema era a integração das comunicações e transportes dos países americanos, tema que teve grande destaque nas discussões das Conferências Pan-Americanas, pois surgiram vários projetos que visavam desenvolver uma infra-estrutura de comunicação e transporte capaz de "unir as duas Américas" (anglo-saxã e latina).[45]

Assim, discutiu-se durante essas Conferências, algumas maneiras de fazer valer esse desejo de integrar a rede de transporte, pois desde a Conferência de Washington, o assunto figurou no programa, primeiramente, com a discussão da estrada de ferro pan-americana, e depois ampliou-se para outros meios de transporte que interligassem o continente.

Outrossim, verifica-se na documentação analisada que a ideia da construção de uma estrada de ferro pan-americana era bem-vinda pelas repúblicas americanas, uma vez que isso poderia gerar um sentido de unicidade e de fortalecimento do comércio

---

econômicos e políticos, objetivando a expansão da economia, de outro, o cuidado é de impedir a concorrência desleal. Em contraposição a esse tipo de direito, figura a questão do direito autoral, sendo ele, também, uma espécie de propriedade intelectual que tutela a proteção da criação e da utilização de obras intelectuais estéticas, seja na literatura, artes ou ciência. Assim, a proteção dessa espécie de direito tem a finalidade de proteger o criador. Os sistemas abarcados nessa proteção pertencem a um grande grupo: o individual, o comercial e o coletivo". In: ASCENSÃO, José de Oliveira. *Direito Autoral*. Rio de Janeiro: Forense, 1980 e BITTAR, Carlos Alberto. *Direito de Autor*. Rio de Janeiro: Forense Universitária, 2003, p. 48.

45 *Conferências Internacionales Americanas (1889-1936)*. Washington: Dotación Carnegie para la Paz Internacional, 1938, p. 11-20.

americano. Porém, o maior interessado na construção dessa ferrovia eram os EUA (além de ser o único país realmente disposto a investir grandes quantias nesse empreendimento), pois além de as empresas norte-americanas terem sido destacadas para a construção das estradas, a ferrovia pan-americana seria mais um elemento na sua estratégia de ampliar o controle político e econômico sobre a região.

Desse modo, os estadunidenses estavam interessados no grande volume de capital que seria injetado nas obras, pois o país era um forte "candidato" a fornecer os materiais necessários para a construção dessa ferrovia (além do domínio técnico), criando assim uma relação de cadeia de fornecimento. A estrada serviria, também, como rota segura em caso de guerra, tanto dentro como fora da América, pois assim os países não dependeriam somente de vias marítimas ou fluviais para continuar comercializando seus produtos.[46]

A idealização da estrada de ferro pan-americana começou a ganhar corpo, conforme indicado, já na Primeira Conferência. Essa assembleia recomendou a construção de uma ferrovia que "ligasse toda ou a maior parte das nações representadas" naquele foro diplomático, e para que esse projeto fosse adiante, recomendou a organização de uma "Comissão Técnica de Engenheiros".[47]

O governo norte-americano foi o responsável por organizar a comissão que tinha a finalidade de "estudar e informar aos outros governos o resultado dos seus estudos, e, a eles [países interessados], cabia contribuir com os gastos, em proporcionalidade

---

46 *Conferências Internacionales Americanas (1889-1936)*. Washington: Dotación Carnegie para la Paz Internacional, 1938, p. 11-13.

47 *Idem.*

com a sua respectiva população". Essa comissão era encarregada também de fazer as investigações de viabilidade das obras ferroviárias, e chegou a preparar extensos relatórios (desde o norte da Guatemala até o norte da Argentina). Nestes relatórios, reafirmavam-se que a finalidade da "ferrovia era desenvolver os recursos naturais, o comércio, a riqueza e contribuir eficazmente para a prosperidade geral dos países americanos".[48]

Diante dos resultados desses estudos, o assunto acabou por chamar a atenção da Conferência seguinte, ou seja, a segunda assembleia expressou opinião favorável à construção da ferrovia pan-americana e recomendou que essa estrada de ferro deveria ser "considerada perpetuamente neutra e que deveria assegurar o livre tráfico comercial e o de pessoas no continente". A Segunda Conferência também recomendou que a referida Comissão fosse de cunho permanente e isso de fato pode ser comprovado nas Conferências seguintes, pois as discussões sobre o tema nunca foram encerradas.[49]

Os estudos da Comissão Permanente foram apresentados na Terceira Conferência Pan-Americana. Nessa Conferência, o delegado do Brasil expôs o estado das estradas de ferro brasileiras, na parte em que poderiam auxiliar a ferrovia, e demonstrou que "faltavam poucas léguas para que as vias férreas do sul do país se ligassem às do Paraguai, e assim chegassem à fronteira do Uruguai".[50]

---

48 Códice: 273/3/4, 1ª Conferência Pan-Americana. Histórico da 1ª Conferência Pan-Americana.

49 Códice: 273/3/7, 2ª Conferência Pan-Americana. Histórico da 2ª Conferência Pan-Americana

50 *Idem.*

Por suas dimensões continentais (assim como os EUA), o Brasil estava muito interessado no projeto de construção da ferrovia, tanto que o plano definitivo foi baseado na proposta que a delegação brasileira apresentou a Conferência. Por uma resolução, a Terceira Conferência manteve a Comissão Permanente da Estrada de Ferro Continental e determinou que cada "república americana, ao favorecer a construção de vias, deveria atender também a interesses locais", ademais, sugeriu que as vias seguissem, se fosse possível, "o traçado intercontinental".[51] Estabeleceu-se que os governos dos diversos países:

> (...) determinariam as concessões de terras, subvenções, garantias de juros sobre o capital empregado, assim como a isenção de direitos aduaneiros para o material de construção, exploração e quaisquer outros auxílios que julgassem convenientes conceder, no sentido de contribuir para a construção da estrada de ferro. [Havia a recomendação de que onde houvesse trechos a construir] se formassem comissões de engenheiros para a conclusão dos projetos, e que desses constassem especificações úteis para se determinar o capital necessário à construção.[52]

Ainda referente a mesma questão, a Conferência seguinte prorrogou as atribuições da Comissão de Washington conforme as Resoluções da Terceira Conferência, e pediu urgência para a confecção da planta e o orçamento de construção da estrada continental, que se "reunissem todos os estudos, dados técnicos e financeiros necessários para a formulação de um plano e proposta

---

51 *Conferências Internacionales Americanas (1889-1936)*. Washington: Dotación Carnegie para la Paz Internacional, 1938, p. 86-88.

52 Códice: 273/3/10, 3ª Conferência Pan-Americana. Histórico da 3ª Conferência.

definitiva destinada à construção das ferrovias".[53] Entretanto, a confecção da planta e o orçamento de construção da estrada continental não foi levado a cabo, pois esses estudos da Comissão de Washington não foram apresentados na Quarta Conferência, ainda que o assunto tenha sido discutido nessa assembleia.[54]

Com referência ao transporte por meio de navios, a Quarta Conferência Pan-Americana de Buenos Aires recomendou às nações que "celebrassem entre si convenções recíprocas, com o fim de constituírem serviços diretos por vapores". No histórico da Quarta Conferência, elaborado por Almeida Nogueira, delegado brasileiro, que fez parte da Comissão de Comunicação a Vapor, é apontado que embora fosse desejo dos países a maior união entre todos, os contratos celebrados deveriam procurar atender sempre a conveniência da ligação com o intuito primeiro de fortalecer os acordos comerciais.[55]

Na Quinta Conferência, em matéria de facilitação dos transportes interamericanos, foram votadas conclusões quanto ao "trânsito marítimo, estrada de ferro continental e linhas internacionais convergentes à rede pan-americana, tendo-se recomendado a reunião de uma conferência especial para examinar a questão das estradas de automóveis". Deliberou-se, ainda, entregar a uma comissão internacional o estudo dos problemas da aviação internacional de comércio e das comunicações telegráficas e radiográficas.[56]

---

53 *Idem.*

54 *Ibidem.*

55 Códice: 273/3/15, 4ª Conferência Pan-Americana. Histórico da 4ª Conferência Pan-Americana.

56 Códice: 273/3/16, 3ª Conferência Pan-Americana. Histórico da 5ª Conferência Pan-Americana.

A Sexta Conferência, por sua vez, não apresentou nenhuma novidade em relação aos meios de transporte, pois manteve os resultados das Conferências anteriores que propunham construir a Estrada de Ferro Pan-Americana pelo traçado dos Andes. A Conferência de Havana, no tocante a esse assunto, apenas renovou o acordo da Conferência de Santiago, principalmente no que se refere ao "estudo dos meios práticos, técnicos e financeiros e outros preceitos capazes de facilitar a construção da ferrovia continental".[57] Também na Sexta Conferência foi formada uma subcomissão, subordinada à Comissão Permanente, dedicada ao:

> (...) estudo das distintas convenções pelas quais se regiam os caminhos de ferros internacionais da América e que já se encontravam operando, para assim, poder ser formulado um convênio geral para facilitar o tráfego e, se fosse possível, que as formalidades de alfândega, imigração e saúde pública se fizessem no próprio comboio ao aproximar-se das fronteiras.[58]

Embora o tema da construção da Estrada de Ferro Pan-Americana tenha constado em todas as Conferências estudadas, inclusive como um dos "meios primordiais de unificar os países do continente", vê-se que apesar de as nações americanas terem tido enorme interesse no assunto, o projeto nunca foi concretizado e isso nos parece ter acontecido por dois motivos: o primeiro diz respeito a falta de organização dos países envolvidos, pois os dados e estudos sobre a matéria não foram feitos de forma completa e simultânea e alguns Estados não dispunham de comissões

---

57 Códice: 273/3/17, 6ª Conferência Pan-Americana. Histórico da 6ª Conferência Pan-Americana.

58 *Idem.*

técnicas para realizar pesquisas mais detalhadas, e em segundo lugar, acreditamos que muitos países desistiram da empreitada pois os custos para tal empreendimento eram muito altos e na maior parte dos casos, o financiamento seria externo, proveniente especialmente dos bancos norte-americanos.[59]

A Sexta Conferência de Havana aprovou, ainda, uma resolução recomendando a construção de estradas de rodagem[60] através do continente e a formação das bases para uma "convenção de regulamentação internacional do tráfego de automóveis entre os países membros da União Pan-Americana", que deveria ser transmitida como recomendação no Segundo Congresso Pan-Americano de Estradas, a se reunir no Rio de Janeiro em julho do mesmo ano.[61]

A resolução pedia também que as nações americanas ratificassem os referidos documentos diplomáticos em seus países para acelerar o processo de integração. Além disso, a Conferência

---

59 Códice: 273/3/4, 1ª Conferência Pan-Americana. Histórico da 1ª Conferência Pan-Americana.

60 Sobre a questão das estradas de rodagem na década de 1920, no caso brasileiro, o político que mais se dedicou ao tema foi Washington Luís, pois quando este esteve à frente do governo estadual de São Paulo, construiu mais de 1.300 quilômetros de estradas de rodagem – seu lema era "Governar é abrir estradas". Disponível em: http://www.cpdoc.fgv.br/nav_historia/htm/biografias/evbiowashingtonluis.htm. Consultado em 04.03.2008.

61 Códice: 273/3/17, 6ª Conferência Pan-Americana. Histórico da 6ª Conferência Pan-Americana. Na Comissão Internacional de Comunicações Elétricas, reunida no México de 27 de maio a 22 de julho de 1924, as nações americanas presentes assinaram uma convenção que estabelecia a regulamentação jurídica uniforme dos serviços interamericanos de comunicações elétricas, e subscreveram depois, em Washington, em 25 de novembro de 1927, uma convenção internacional geral e um regulamento complementar de radiotelegrafia.

recomendava uma reunião de técnicos, para estudar o estabelecimento de "linhas de vapores que ligassem entre si os países da América e os meios de eliminar as formalidades desnecessárias de portos". Os países da América que tinham rios navegáveis, deveriam realizar estudos técnicos sobre "as condições de navegabilidade e os obstáculos que impedem a possibilidade de melhorar as conexões existentes entre os rios navegáveis" e, também, que os países realizassem estatísticas de transportes marítimos, fluviais, terrestres e aéreos.[62]

Por último, com relação à proposta de integração dos meios transportes no continente, é importante ressaltar os problemas e disputas que se deram em torno do Canal do Panamá, pois estes tiveram muito impacto na Quarta e Quinta Conferências Pan-Americanas.

A primeira ideia de ligar o oceano Atlântico e o Pacífico surgiu em 1551, quando o espanhol López de Gómara propôs um atalho para encurtar o caminho entre a Espanha e suas colônias no litoral americano do Pacífico. Porém, o plano foi descartado pelo rei Filipe II, e essa ideia só voltou a tomar forma de fato no século XIX, quando Simon Bolívar determinou que fossem feitos estudos para saber a viabilidade da obra. No entanto, o resultado dos estudos fez com que Bolívar desistisse, pois os países da região não tinham condições de arcar, naquele momento, com os custos de tamanho empreendimento.

Posteriormente, com a descoberta de ouro na Califórnia, os EUA fizeram renascer o projeto, embora tivessem que disputar com a Grã-Bretanha. Em 1850, os dois países firmaram o

---

62 Códice: 273/3/17, 6ª Conferência Pan-Americana. Histórico da 6ª Conferência Pan-Americana.

acordo de *Clayton-Bulwer*, pacto que estabelecia que ambos países dividiriam o controle das ferrovias e canais que viessem a ser construídos no istmo. Porém, ambos os países postergaram por muito tempo as obras e, em 1881, ingleses e norte-americanos passaram a concessão aos franceses. Assim, o empresário francês Ferdinand Lesseps, que já havia construído o Canal de Suez, no Egito, criou a *Compagnie Universelle du Canal Interocéanique du Panamá* e deu início aos trabalhos. No entanto, a empreitada não foi adiante por problemas técnicos, de saúde pública (febre amarela) e financeiros.[63]

Dez anos depois os franceses novamente organizaram a *Compaigne Nouvelle du Canal du Panamá* (1894), que realizou algumas obras no local, mas acabou não levando a adiante o projeto pois seu interesse era manter a concessão e repassá-lo a outros interessados. Assim, com a desistência dos franceses, os Estados Unidos resolveram adotar novamente o projeto, adquirindo da França a concessão e as ações da falida companhia de Lesseps e substituindo o tratado de *Clayton-Bulwer* (de 1850), pelo tratado *Herran-Hay* (de 1901 – nele os ingleses reconheciam o exclusivo norte-americano na construção e administração do Canal).[64]

Assim, em 1901, o presidente norte-americano Theodore Roosevelt fez uma delicada e polêmica ação política, já que a região do Canal pertencia Colômbia e o país considerava a obra uma ameaça à sua soberania: insuflaram o movimento de um pequeno grupo separatista panamenho (cuja independência cocorreu em

---

63 *Idem.*

64 CAMERON, Ian. *The Impossible Dream: the Building of the Panama Canal.* N.Y.: William Morrow, 1972.

1903).[65] O tratado assinado pelo Secretário de Estado americano, John Hay, e o representante colombiano, Bunau Varilla, em 18 de novembro de 1903, concedia a Washington o arrendamento com total soberania sobre uma faixa de terra que interligava o oceano Pacífico ao Atlântico. Em 21 de junho de 1904, o Senado norte-americano aprovou a construção do Canal, que acabaria sendo inaugurado 10 anos depois, em 15 de agosto de 1914 sob administração dos EUA até 1999.[66]

O Canal do Panamá foi um dos principais assuntos da Quarta Conferência Pan-Americana, pois havia uma comunicação do Secretário dos Estados Unidos dirigida a Barrett, diretor da Repartição das Repúblicas Americanas, recomendando que no projeto do programa dessa Conferência se estudasse uma Resolução que "autorizasse o Conselho Diretor da Repartição Internacional das Repúblicas Americanas a deliberar sobre o modo pelo qual as Repúblicas americanas celebrarão a abertura do Canal do Panamá".[67]

Já na Quinta Conferência ficam patentes os problemas e desavenças criadas pelo Canal, principalmente entre os EUA e a Colômbia (que passa a apoiar a Argentina). Em um estudo da política sul-americana de 1917-1918, dirigido ao Ministro das Relações Exteriores Félix Pacheco, escrito pelo capitão da fragata Augusto Carlos de Souza e Silva, relata-se que:

---

65 Códice: 273/3/14, 3ª Conferência Pan-Americana. Relatório - Grenzbotzen - O Terceiro Congresso Pan-Americano e a Doutrina de Drago.

66 WOOD, Robert E. *Monument for the world*. Chicago: Encyclopedia Britannica Inc., 1963.

67 Códice: 273/3/15, Histórico da 4ª Conferência Pan-Americana Reunida em Buenos Aires: de 12 de julho a 27 de agosto de 1910, Programa XIV - Comemoração de abertura do Canal do Panamá.

(...) na política da Colômbia, a única coisa que interessa ao Brasil é sua aproximação estreita da Argentina por ódio aos Estados Unidos. Sua atitude em relação à guerra está subordinada a esse sentimento, pois a derrota dos aliados e subsequente ataque dos Estados Unidos pela Alemanha lhe dão esperanças de obter as desejadas compensações pelo Canal do Panamá. Ela tomou parte nas combinações argentinas com o México, por intermédio de seu agente confidencial em Buenos Aires, e é solidária com a Argentina na criação do Congresso Latino Americano e na substituição do latino-americanismo ao pan-americanismo, pela esperança de reação contra os Estados Unidos e possibilidade de serem estes forçados a dar uma indenização no caso do Canal do Panamá.[68]

Assim, o Canal do Panamá era um assunto muito espinhoso para ser discutido amplamente nas Conferências e, como foi exposto acima, com relação e esse tema as Conferências somente aprovaram moções de comemorações em função da abertura do Canal.

Por fim, após estudarmos os projetos de integração dos países pan-americanos, percebemos que muitas vezes o intuito de ampliar mercados, por parte da diplomacia estadunidense, não surtiu os efeitos almejados, pois em muitas ocasiões os EUA encontraram resistências de algumas nações latino-americanas representadas nas Conferências que não se submetiam ou não tinham condições de se submeter aos desígnios norte-americanos.

Percebemos que desde a primeira tentativa, no âmbito das Conferências, os Estados americanos nelas presentes não estavam

---

68 Códice: 962.V/L180/2981, 5ª Conferência Pan-Americana. Relatório - Particular e confidencial sobre Relatório da Política sul-americana 1917-1918 enviado ao Ministro ds Relações Exteriores Félix Pacheco por pelo capitão da fragata Augusto Carlos de Souza e Silva ao concluir sua visita de observação no Uruguai, Argentina, Chile, Peru Equador e Panamá.

preparados e dispostos a estabelecer uma união aduaneira completa privilegiando tanto a área de livre circulação de mercadorias, como a instituição de uma tarifa comum para o comércio com países que não faziam parte das Américas.

Ainda que vencido o projeto norte-americano de união aduaneira apresentado na Primeira Conferência Pan-Americana, os delegados norte-americanos que compareceram às Conferências do México, do Rio de Janeiro, de Buenos Aires, de Santiago e de Havana, voltaram sempre a tratar indiretamente da questão, embora de modo muito pouco enfático (num tom bastante conciliador), restringindo seus projetos à organização das aduanas, trocas de informações entre os países e regulamentação internacional.

Assim, além das questões mencionadas acima, parece ter pesado negativamente o fato de que uma união aduaneira poderia prejudicar acordos bilaterais entre os países da região, pois um tratado de reciprocidade mutuamente vantajoso entre dois Estados poderia causar prejuízos se ele fosse estendido a todas as nações com o caráter continental, principalmente pelo fato de que muitos países do continente tinham produtos similares.

Desse modo, podemos perceber que projetos continentais não eram vistos por todos os países pan-americanos como praticáveis, ao contrário dos acordos bilaterais ou de reciprocidade, não só possíveis, como aconselháveis, já que ao longo das Conferências estas eram as transações mais profícuas.

Diante da exposição dos assuntos acima que tiveram maior relação com a proposta de união aduaneira encabeçada pelos EUA, pode-se compreender que os temas eram debatidos nas Conferências levando-se em conta a particularização de interesses de cada nação, principalmente dos EUA, que viam nessas assembleias a oportunidade de colocar em pauta assuntos relacionados ao incremento do comércio, pressionando os países latino-americanos para a abertura de seus mercados e a inserção no comércio internacional.

Ficou evidenciado pelo estudo dos documentos das Conferências que os norte-americanos estavam dispostos a patrocinar a construção de uma união aduaneira que englobasse todo o continente americano, sem a presença de barreiras físicas e materiais entre as nações para a livre circulação do fluxo de bens, capitais e serviços. Entretanto, como sabemos, essa união aduaneira não chegou a ser concretizada nas Conferências Pan-Americanas, muito menos na recente proposta da Alca.

No próximo capítulo, último deste livro, analisaremos a questão do arbitramento, em especial no que diz respeito às diferenças entre o arbitramento obrigatório e o voluntário.

4

A ARBITRAGEM

DESDE O INÍCIO DE NOSSA PESQUISA foi-nos possível compreender que o arbitramento é uma questão central nas Conferências Pan-Americanas, pois representa e exemplifica a passagem da hegemonia da Grã-Bretanha para os EUA nas Américas. Percebemos que a questão do arbitramento é discutida dentro de um contexto de disputa de influências, seja por parte das potências europeias que não queriam perder poder no continente americano, como a Inglaterra (representada pela Argentina), ou pelo desejo dos EUA de poder intervir, se necessário, nos países da América Latina.

Os EUA pretendiam substituir a Europa como os árbitros tradicionais nas disputas entre países americanos, assegurando, assim, a sua influência política no continente. Com tal intuito, o discurso norte-americano era anti-europeu e pregava que só os países "irmãos" na América poderiam arbitrar conflitos americanos, pois esses não teriam outros interesses além de assegurar a paz no continente. A Argentina, por outro lado, defendia veementemente a questão da arbitragem obrigatória (desde a Conferência do México), o que muito desagradava a Casa Branca, pois em litígios com os países do continente os EUA não desejavam ser obrigados a recorrer a um árbitro (que costumava ser de países europeus).[1]

Vale destacar que o arbitramento já era uma prática comum na América desde o século XIX, principalmente para os países recém independentes das metrópoles europeias. Isso se deu porque as relações entre os países da América no XIX e primeiras décadas do século XX, foram marcadas por disputas de território (fronteiras), de navegação de rios, de comércio, entre outros, que se transformaram, muitas vezes, em litígios.

Dessa forma, essa série de disputas institucionalizou a arbitragem como instrumento que buscava resolver as contendas entre os Estados. Com o intuito de manter a paz entre as nações, era necessária a constituição de uma esfera própria que tornasse possível o direito à reclamação e ao julgamento das disputas, que fosse ágil e que também fosse consenso a sua utilização entre os países.

A arbitragem é um dos instrumentos jurídicos mais antigos utilizado no julgamento e solução de litígios. O arbitramento tinha como objetivo solucionar pacificamente as controvérsias internacionais, que decorriam da ação diplomática para a jurídica. No final do século XIX e início do século XX, a arbitragem era recomendada pelos juristas como a melhor maneira de resolver as contendas internacionais, pois funcionava como um mecanismo para solucionar litígios internacionais mediante o emprego de

---

1 Códice: 273/3/4, 1ª Conferência Pan-Americana. Histórico da 1ª Conferência Pan-Americana.

determinadas normas jurídicas por meio de pessoas escolhidas, livremente, pelas partes em disputa.[2]

Os países americanos buscavam na arbitragem um foro onde se pudesse coibir as ações arbitrárias de um país para com o outro, e procuravam nesse foro vantagens como a "celeridade" (rapidez), a "confidencialidade" (o conteúdo da arbitragem ficava circunscrito às partes e aos árbitros) e a possibilidade de decisão por "equidade" (equivalência de direitos).[3]

Com relação a arbitragem nas relações comercias, isto é, nos contratos internacionais, justificava-se o seu uso pelos custos envolvidos (normalmente mais baixos do que em longas e desgastantes disputas judiciais). O arbitramento era visto também, como um fator importante que poderia evitar um confronto armado entre as nações. Assim, a arbitragem pode ser considerada uma "via jurisdicional, porém não-judiciária, de solução pacífica de litígios internacionais".[4]

A arbitragem se ramificava ainda em: voluntária e obrigatória e é esta divisão que causou grande polêmica entre os países da América durante as Conferências Pan-Americanas, pois a partir da Conferência do México, os EUA passaram a defender a arbitragem voluntária, e a Argentina a arbitragem

---

2   ACCIOLY, Hildebrando Pompeu Pinto. *Manual de Direito Internacional Público*. São Paulo: Saraiva, 1956.

3   ALEIXO, José Carlos Brandi. *O Brasil e o Congresso Anfictônico do Paraná*. Brasília: Funag, 2000.

4   REZEK, José Francisco. *Direito Internacional Público*. São Paulo: Saraiva, 1991, p. 352. Sobre este assunto ver: GARCEZ, José Maria Rossani. *Contratos Internacionais Comerciais*. São Paulo: Saraiva, 1994 e GUERREIRO, José Alexandre Tavares. *Fundamentos da arbitragem do comércio internacional*. São Paulo: Saraiva, 1993.

obrigatória.[5] A diferença entre esses dois ramos é que a arbitragem voluntária é acionada somente se os países envolvidos nas disputas quiserem levar a cabo a questão, por outro lado, na arbitragem obrigatória, existe a determinação, acordada anteriormente entre os países, de que o objeto da controvérsia seja obrigado a ser submetido à arbitragem.

Ademais, dentre os mecanismos que o arbitramento acolhe, existem as questões sobre limites, territórios, indenizações, direitos de navegação e cumprimento de tratados qualquer que seja a causa, natureza ou objeto, excluindo as questões que pudessem comprometer a soberania das repúblicas envolvidas. Outro mecanismo de arbitramento era o "direito de conquista", uma questão jurídica que "permitiu" a política do *Big Stick* do presidente Rooselvelt.

Vemos nas Conferências Pan-americanas que os EUA ostentavam uma dupla posição com relação ao arbitramento, pois pregavam a paz no continente contanto que os conflitos fossem gerenciados por eles. Além disso, para a chancelaria norte-americana, caso fosse necessário para assegurar a paz em algum país, os EUA poderiam se valer do "direito de conquista".[6]

---

5 Códice: 273/3/4, 1ª Conferência Pan-Americana. Histórico da 1ª Conferência Pan-Americana. Códice: 273/3/7, 2ª Conferência Pan-Americana. Histórico da 2ª Conferência Pan-Americana. Códice: 273/3/10, 3ª Conferência Pan-Americana. Histórico da 3ª Conferência Pan-Americana. Códice: 273/3/15, 4ª Conferência Pan-Americana. Histórico da 4ª Conferência Pan-Americana. Códice: 273/3/16, 5ª Conferência Pan-Americana. Histórico da 5ª Conferência Pan-Americana. Códice: 273/3/17, 6ª Conferência Pan-Americana. Histórico da 6ª Conferência Pan-Americana.

6 SOARES, Álvaro Teixeira. *História da Formação das Fronteiras no Brasil*. Rio de Janeiro: Conselho Federal de Cultura, 1972.

Por ser um instrumento onde a solução da contenda é julgada de maneira rápida, a arbitragem assumiu posição de destaque nas relações internacionais americanas, passando a ser utilizada em larga medida. Assim, houve em vários países legislações internas que disciplinaram os processos de arbitragem, possibilitando o reconhecimento, a homologação e a execução da sentença arbitral pela justiça estatal.[7]

Já em 1826, ocasião do Congresso do Panamá, a noção de arbitragem aparecia no discurso jurídico americano.[8] Nesse Congresso foi aprovada uma resolução que repudiava a guerra, defendia a paz e recomendava a introdução das figuras do conciliador, ou mediador, e do árbitro nas relações interamericanas, além de recomendar a solução dos conflitos por meio de árbitros ou Tribunais Arbitrais.[9] Ademais, em 1877, no Tratado de Lima, a arbitragem ficou mais conhecida no continente,

---

7   REZEK, José Francisco. *Direito Internacional Público*. São Paulo: Saraiva, 1991.

8   ALEIXO, José Carlos Brandi. *O Brasil e o Congresso Anfictônico* do Paraná. Brasília: Funag, 2000

9   *Idem*. Segundo Paulo Fernando Silveira: "O Tribunal Arbitral é um colegiado de árbitros, indicado pelas partes em disputa para decidirem a questão. São profissionais de confiança das partes, com larga experiência na matéria em discussão. O processo de arbitramento se constitui dos seguintes passos: as partes descrevem a questão do conflito e a delimitação do direito aplicável para os árbitros ou Tribunal Arbitral. Árbitro é um terceiro neutro e imparcial, de livre escolha das partes em controvérsia, com larga experiência na matéria em discussão, que é investido do poder de decidir a divergência em substituição às partes". In: SILVEIRA, Paulo Fernando. Tribunal Arbitral – Nova Porta de Acesso à Justiça. Curitiba: Juruá Editora, 2006, p. 58.

uma vez que os principais litígios entre os países se davam com relação às disputas de fronteiras.[10]

Porém, vemos que desde o século XIX os países americanos tinham posições diversas sobre o tema do arbitramento: uns de aceitação e outros contrários. Essas posições eram determinadas segundo os seus próprios interesses, como por exemplo, o recurso da arbitragem só foi aceito pelo governo brasileiro no fim do Império. O Brasil valeu-se desse foro para resolver litígios pendentes sobre a definição de suas fronteiras, como é o caso das disputas territoriais com as Guianas Inglesa e Francesa.[11]

Assim, apelar para a arbitragem passou a ser interessante para o Brasil, pois no final do século XIX havia várias questões pendentes com os nossos vizinhos sobre limites territoriais.[12] Entretanto, no Brasil a questão que ganhou maior relevância foi a disputa de fronteira com os países recém-independentes como, por exemplo, o caso do Uruguai. Para Araújo Jorge, o Tratado de 30 de outubro de 1909, entre o Brasil e o Uruguai, que modificou a linha e o regime de fronteira na Lagoa Mirim e no Rio Jaguarão, fixando os princípios gerais para o comércio e navegação naquelas águas, foi "o último dos grandes atos internacionais de Rio

---

10 SOARES, Álvaro Teixeira. *História da Formação das Fronteiras no Brasil*. Rio de Janeiro: Conselho Federal de Cultura, 1972.

11 *Idem*.

12 SANTOS, Luís Claudio Villafañe Gomes. *O Brasil entre a América e a Europa: o Império e o Interamericanismo (do Congresso do Panamá à Conferência de Washington)*. São Paulo: Editora Unesp, 2003.

Branco e constituiu o florão de remate de sua obra (...) de retificação do perímetro do território nacional".[13]

Com relação a Argentina, este país se envolveu definitivamente em discussões sobre arbitramento em 1889, data em que o país firmou o Tratado de Direito Processual Civil em Montevidéu, juntamente com a Bolívia, Paraguai, Peru e Uruguai.[14] Isso se deu principalmente porque no final do século XIX, os EUA começavam a se despontar no comércio da América Latina e isso era considerado um fator de risco para o governo argentino, pois a riqueza do país advinha essencialmente do comércio com a Europa e dos investimentos ingleses.

O Chile, por sua vez, no final do século XIX, vinha do contexto da Guerra do Pacífico, uma vez que ainda estavam pendentes as disputas de fronteira com Peru e a Bolívia. O Chile foi vencedor dessa guerra e conquistou os territórios da Bolívia, tirando desse país a saída para o mar, bem como anexou ao seu território Tacna e Arica, que até então pertenciam ao Peru. Desse modo, a discussão da arbitragem como meio obrigatório de solução de contendas, era uma ameaça às conquistas chilenas e até poderiam dar causa ganha aos países que perderam territórios.

Já para os norte-americanos, o tema da arbitragem, principalmente a obrigatória, não era-lhes favorável (embora o tenham defendido na Primeira Conferência), a não ser que os EUA fossem escolhidos árbitros perpétuos dos países do continente, pois eles pensavam que como primeira potência no Novo Mundo,

---

13 JORGE, Araújo. *Introdução às obras do Barão do Rio Branco*. Rio de Janeiro, Ministério das Relações Exteriores, 1945. p 183.

14 DABAH, Alejandro Daniel. *El contrato internacional en el Mercosul*. Buenos Aires: Quorum, 2005.

poderiam dar ao seu governo o direito de falar com autoridade para apaziguar as discórdias entre outros países americanos. Essa atitude talvez se devesse, segundo Luis C. Villafañe Santos, a ideia de que a arbitragem, como mecanismo de resolução dos conflitos e em especial como recurso obrigatório, costumava proteger a parte mais fraca de pressões não diretamente relacionadas ao objeto da causa, um risco às intervenções e anexações dos EUA no continente. [15]

Assim, vemos que o núcleo das discórdias não residia na instituição do arbitramento para solucionar os conflitos, fato que todos os países nelas representados concordavam, e sim se a arbitragem seria convencionada nas assembleias na forma voluntária ou obrigatória.

Na Conferência de Washington (ao contrário das Conferências subsequentes), os EUA articularam um plano para que o acordo da arbitragem obrigatória fosse definitivo, de tal forma que as divergências entre os diferentes Estados americanos fossem resolvidas, segundo eles, pacificamente. O argumento, proferido pelo Secretário de Estado norte-americano James Blaine, afirmava que o arbitramento deveria responder com fatos aos ideais de paz e confraternização americana, pois "sustentamos que esta nova Carta Magna, que suprime a guerra e a substitui pelo arbitramento entre as Repúblicas da América, é o primeiro e principal fruto da Conferência Internacional Americana".[16]

---

15 SANTOS, Luís Claudio Villafañe Gomes. *O Brasil entre a América e a Europa: o Império e o Interamericanismo (do Congresso do Panamá à Conferência de Washington)*. São Paulo: Editora Unesp, 2003.

16 Códice: 962.V/L181/3000, 5ª Conferência Pan-Americana. Discurso do dr. Arturo Alessandri – presidente da República do Chile na sessão de

Nesse cenário, a Grã-Bretanha temia que a maior parte dos países da América aceitasse os EUA como intermediadores de quaisquer conflitos, função antes exercitada principalmente pela diplomacia inglesa. Essa oposição da Inglaterra teve como grande aliada no continente a Argentina, que em função de suas relações políticas e econômicas com a Inglaterra, foi disposta a não comungar das ideias que os EUA propunham.

A delegação brasileira, neste assunto, manteve-se alinhada com as orientações latino-americanas, ao mesmo tempo em que tentava estabelecer uma política de aproximação com os norte-americanos. Salvador de Mendonça, ficou responsável por mediar esta questão, papel que assumiu nas negociações com Blaine. O delegado brasileiro levou até o Secretário de Estado, as reivindicação de alguns delegados latino-americanos, dizendo-lhe que estes estavam dispostos a fazer questão de que saísse da Conferência de Washington a eliminação da conquista, pois a intenção desses países era a de ampliar a pauta sobre a questão do arbitramento, principalmente para garantir a integridade, a soberania e a independência de todas as nações do continente.

Assim, na Conferência de Washington foi assinado um tratado que defendia a arbitragem como princípio do Direito Internacional Americano para a solução de divergências entre as nações americanas, e também destas em relação às nações europeias. Este tratado foi importante para a construção de um ideário diplomático/jurídico dos países do continente. Pode-se verificar que a partir desse momento, os países americanos buscaram fortalecer uma identidade jurídica comum a maior parte

---

instalação da Quinta Conferência Internacional Americana.

dos países da região, principalmente, no campo das relações internacionais e pelo viés do diálogo frente à Europa.[17]

Desse modo, a maior parte das nações do continente americano passou a discutir mais amplamente a questão do arbitramento nas Conferências de Paz em Haia[18] (em nível mundial) e nas Conferências Pan-Americanas (em nível continental). Desse modo, ficou evidente que o arbitramento era considerado um instrumento de fundamental importância recomendado para dirimir os conflitos internacionais.

O assunto do arbitramento também figurou na Segunda Conferência Pan-Americana. Nela buscou-se elaborar um novo tratado, pois o primeiro não foi ratificado pelos países que fizeram parte da Primeira Conferência. Esse tratado rezava que as partes em litígio submeteriam, obrigatoriamente à arbitragem, todo e qualquer tipo de reclamações por danos pecuniários que

---

17 ACCIOLY, Hildebrando Pompeu Pinto. *Tratado de Direito Internacional Público*. Rio de Janeiro, Forense, 1953.

18 Segundo Christiane Laidler de Souza: "A Primeira Conferência da Paz fora convocada pelo czar Nicolau II em 1899 para discutir dois temas centrais: o armamentismo e formas pacíficas para contornar os conflitos entre os Estados. Para o controle de armas, houve acordo restringindo o uso de novos inventos, ficando proibidos o lançamento de explosivos por meio de balões e o emprego de gases asfixiantes e de explosivos que se estilhaçassem no corpo humano (...). Quanto aos conflitos entre nações, o grande avanço estava na criação de normas para a mediação e a arbitragem e no consenso em torno da proposta britânica de um Tribunal Permanente de Arbitragem. Era um passo significativo para a construção de um sistema internacional regido pelo Direito. Para esta Conferência, somente os países com representação diplomática no Império Russo haviam sido convidados. Da América Latina, só o México enviou delegados". In: SOUZA, Christiane Laidler de. "Nossa águia em Haia". Disponível em: http://www.revistadehistoria.com.br/secao/artigos/nossa-aguia-em-haia. Acessado em: 12/03/2008.

não pudessem ser solucionados por via diplomática. Olyntho Magalhães, Ministro das Relações Exteriores do Brasil, orientando o delegado brasileiro Hygino Duarte, afirma que:

> O arbitramento é um dos assuntos mencionados, sem prejuízo aos outros que será tratado em despacho separado, direi desde já o pensamento do governo a respeito dele. A conferência só pode concluir pela constituição de um tribunal. Este será formado ou de uma representação proporcional a população de cada país ou de uma representação igual para cada um dos governos Americanos. Na primeira hipótese o Tribunal seria composto em sua maioria de juízes norte-americanos e isso não pode convir ao Brasil, nem as demais repúblicas latino-americanas, na segunda hipótese não conviria nem ao Brasil nem aos Estados Unidos da América, porque dominaria no Tribunal uma maioria de juízes hispano-americanos. Como se vê, em nenhum dos dois casos não convém ao Brasil semelhantes juízes.[19]

Assim, existiam suspeitas de que o Tribunal Arbitral americano poderia ser de maioria norte-americana ou de maioria hispano-americana e, ambos os casos não eram convenientes para a o Brasil segundo Olyntho Magalhães, que conclui sua carta para o delegado brasileiro recomendando a abstenção do Brasil na discussão e na votação. Para resolver esse assunto da melhor forma possível, dizia ele, seria aceitável a ideia do Congresso de Haia, relativo à constituição de uma lista permanente de juízes nomeados pelos governos participantes, dentre os quais em cada caso corrente, poderiam ser escolhidos os árbitros ou membros

---

19 Códice: 273/3/6, 2ª Conferência Pan-Americana. Carta de instruções de Olyntho Magalhães para o delegado brasileiro José Hygino Duarte Pereira, para a ocasião da 2ª Conferência.

de uma comissão ou de um Tribunal. Esse Congresso de Haia seria realizado em 1907.[20]

O Brasil estava disposto a recorrer a julgamentos singulares, aceitando sempre como árbitros um chefe de Estado, cuja responsabilidade moral fosse "isenta de qualquer suspeita". No entanto, o país não aceitaria submeter a litígio qualquer questão, sem a composição de um Tribunal, independente da sua origem, competência ou modo de constituição. Com referência a isso, Olyntho Magalhães acrescenta em sua recomendação ao delegado brasileiro:

> Esta ficará sendo a orientação permanente da política brasileira sobre o assunto, nestas condições é conveniente que o Delegado promova pelos meios ao seu alcance (e até pela discussão se julgar preciso) tornar insubsistente a ideia de obrigatoriedade de recurso ao Tribunal Arbitral. É possível que se levante no Congresso a preliminar de se referir o arbitramento a todo e qualquer litígio, ou simplesmente aos litígios futuros.[21]

O Ministro Olyntho Magalhães era da opinião de que melhor faria a Conferência, se resolvesse submeter o arbitramento somente as questões de natureza jurídica, "excetuando sempre de qualquer compromisso as que dizem respeito à independência, soberania e integridade territorial de cada nação", o que estava em conformidade com as conclusões dos Congressos de Washington de 1889 e de Haia em 1899. O ministro apontava também, que muitas das deliberações do futuro Congresso de Haia iriam ser "influenciadas mais pelas conveniências políticas do que pelo sentimento de

20 *Idem.*

21 *Ibidem.*

justiça". Dessa forma, o Congresso deveria encerrar seus trabalhos votando um Código de Direito internacional Americano, que dele poderia ter a iniciativa o delegado brasileiro.[22]

Para tanto, Hygino Duarte apresentou uma proposta sobre o Código de Direito Público Internacional e Código de Direito de Direito Internacional Privado, que foi enviada a Presidência da Conferência, e após votação dos delegados, a mesa da presidência pronunciou que considerava primordial a Conferência Pan-Americana organizar a união das repúblicas da América sobre bases jurídicas.[23] Em telegrama enviado ao Ministro das Relações Exteriores, o delegado do Brasil afirma:

> Acabo de receber instruções recomendando a abstenção de discussão da votação sobre o arbitramento e o tribunal arbitral de acordo com as instruções anteriores já manifestei-me ambos pontos. Quanto primeiro, a arbitragem para questões não concernentes a independência, integridade e soberania nacional com ressalva a questões concretas. Quanto segundo tribunal base Haia ressalvada faculdade preferir juízo especial. Impossível recuar sem lesar, além disso, Brasil anular-se-ia abstenção sobre duas questões capitais da conferência, pronunciando-se todos demais delegações presentes projeto codificação direito internacional já aprovado comissão.[24]

É importante destacar que a época da realização da Segunda Conferência (1901-1902) estava acontecendo um conflito entre

---

22 Códice: 273/3/6, 2ª Conferência Pan-Americana. Carta de instruções de Olyntho Magalhães para o delegado brasileiro José Hygino Duarte Pereira, para a ocasião da 2ª Conferência.

23 Códice: 273/3/7, 2ª Conferência Pan-Americana.

24 Códice: 273/3/7, 2ª Conferência Pan-Americana. Telegrama enviado ao Ministro das Relações Exteriores pelo Delegado do Brasil em 01.12.1901.

o Chile e o Peru: a questão de Tacna e Arica. Em relação a ele, o Peru depositava suas esperanças no voto da Conferência em favor de uma arbitragem ampla e obrigatória e foi acompanhado pela Bolívia, Argentina e Paraguai (formando um primeiro grupo). O Chile, pelo contrário, não admitia a arbitragem obrigatória para as questões pendentes, e quanto às futuras, não aceitava nada além de uma arbitragem voluntária, o que quer dizer que não admitia compromisso ou obrigação em relação à aceitação do princípio arbitral. Eram simpáticas a atitude do Chile várias repúblicas da América Central, como o Haiti, São Domingos, Equador e Colômbia (esses formavam o segundo grupo). O ideal para o Chile seriam as conclusões da Conferência da Paz de Haia que, para disfarçar o seu fracasso em pleno período de "Paz Armada", estabeleceu como norma o princípio da arbitragem voluntária.

Nesta disputa, Brasil e EUA se abstiveram de interceder no intuito de preservar suas relações com ambos os grupos de força. Assim, formaram um terceiro grupo as nações que queriam guardar a neutralidade na questão das consequências da Guerra no Pacífico. Pertenciam a esse grupo, além do Brasil e dos Estados Unidos, o México, a Nicarágua, a Venezuela e o Uruguai. Referente a esse tema, foi lida a proposta oferecida pela delegação mexicana sobre "arbitragem e tribunal arbitral" no qual se consignou o seguinte:

> As repúblicas do norte, centro, sul América, se obrigam a submeter a decisão do árbitro todas as controvérsias que surjam entre elas e que não podem resolver-se pela via diplomática, sempre que a juízo exclusivo de alguma das nações interessadas, ditas controvérsias não afetam a independência

e nem a honra nacional. A arbitragem será obrigatória para as controvérsias pendentes que naquele momento de firma ou de ratificação do presente tratado, não foram objeto de ressalva especial de parte das algumas nações interessadas.[25]

José Hygino, opinando sobre a questão, asseverou: "como se vê nesse artigo, seria aberta a porta por onde o Chile poderia retirar da arbitragem a sua questão do Pacífico". O delegado brasileiro afirma, ainda, que essa proposta não agradou a nenhum dos lados pois, "bem se vê que o Peru não há de assinar um tratado contra si próprio, e o Chile além de infenso a arbitragem que não for facultativa, não se prestará a fazer uma declaração de ressalva especial".[26] Finalmente, entendemos que depois de todas as discussões em torno do arbitramento obrigatório, os conflitos e divergências entre os países impediram que os delegados da Segunda Conferência chegassem a um consenso acerca do assunto.

A arbitragem também foi debatida na Terceira Conferência Pan-Americana, em 1906, pois essa questão era um dos principais assuntos desse Congresso. Com o objetivo de colocar a questão em pauta e de buscar um consenso, várias reuniões preparatórias foram realizadas na Secretária Internacional Americana, nos EUA. Essas reuniões tinham o objetivo de preparar o "Projeto do Programa da Terceira Conferência Pan-Americana", que decidiria se colocariam o assunto no programa e em caso positivo,

---

25 Códice: 273/3/7, 2ª Conferência Pan-Americana. Carta de José Hygino Duarte Pereira ao Ministro das Relações Exteriores, relatório sobre o início, desenvolvimento, organização e resumo dos acontecimentos da 2ª Conferência, em 08.11.1901.

26 *Idem.*

o que especificamente seria discutido em relação a proposta de arbitramento obrigatório.[27]

Houve várias reuniões preparatórias e elas foram os verdadeiros palcos das alianças, dos conflitos e das controvérsias, pois nelas percebia-se claramente os embates de duas forças políticas, ou seja, um grupo a favor dos interesses norte-americanos e outro contra. Uma das mais importantes alianças estabelecidas nessa Conferência do Rio de Janeiro foi a que se deu entre Secretário de Estado norte-americano, o Ministro da Costa Rica e o embaixador do Brasil em Washington, pois estes países queriam afastar da recomendação do programa a questão do arbitramento obrigatório e a livre navegação dos rios. O Brasil rejeitava a questão do arbitramento obrigatório nesta Terceira Conferência porque não desejava que os árbitros encarregados de dirimir as contendas fossem hispano-americanos, principalmente com relação aos países com quem temos fronteiras. Nabuco em carta endereçada ao barão de Rio Branco salienta:

> (...) combinamos, o ministro do Chile e eu, juntamente com o ministro da Costa Rica, que ele fosse encarregado pela comissão de preparar um projeto de programa para a comissão discutir. Encarregou-se de propô-lo o sr. Quesada, ministro de Cuba, a quem aliás doeu e não lhe incumbirmos essa tarefa. O sr. Casasús, porém, havia sido a alma da Conferência do México, tinha grande experiência de congressos internacionais, e sua atitude conciliadora com relação ao

---

27 Histórico da 3ª Conferência Pan-Americana. Códice: 273/3/15, 4ª Conferência Pan-Americana.

arbitramento forçado, depois de quando se esforçara por ele no México, tornava-o um aliado precioso para nós (...).[28]

Desse modo, foi-nos possível perceber que na Terceira Conferência, o arbitramento obrigatório era o ponto que mais importava ao Brasil, além da Doutrina Drago. A atitude de Nabuco e seus aliados em relação às discussões sobre o ponto de arbitramento obrigatório foi à seguinte:

> (...) resolvemos propor como emenda a própria fórmula redigida e enviada a comissão pelo secretário de estado, deixando a solução à Conferência da Haia depois de um cumprimento ao princípio, ou como ele se anunciou em particular, "depois de uma continência a bandeira".[29]

Assim, em março de 1906, Nabuco entrevistou-se com Root, Secretário de Estado dos EUA, pois o embaixador brasileiro pedia que Root desse instruções a seus delegados para que a questão do arbitramento fosse discutida só na Conferência de Haia e não na Conferência Pan-Americana do Rio de Janeiro. O Secretário de Estado norte-americano concordou com esse pedido, pois viu logo a desvantagem do plano que ele tinha subscrevido, cujo acordo era de que as vinte repúblicas americanas fossem à Haia formando um corpo compacto.

Ainda na conversa com Root, Nabuco abordou outro assunto: a Doutrina Drago. Root afirmou a Nabuco que não se preocupava se a Doutrina Drago seria apresentada na Conferência de Haia,

---

28 Códice: 962.III/L230/3783, 3ª Conferência Pan-Americana. Carta enviada por Joaquim Nabuco (Embaixada do Brasil em Washington) ao Barão de Rio Branco, em 31.03.1906.

29 *Idem.*

uma vez que ele "compreendeu que seria um objeto de escárnio para o mundo, *a laughing stock*" pois para ele, a Doutrina Drago serviria para que "os devedores se reunissem em massa para declararem aos credores que suas dívidas não poderiam ser cobradas a força".[30]

Com efeito, na reunião da comissão de organização da Conferência do Rio de Janeiro, votou-se por unanimidade tudo que ficara combinado com o Secretario de Estado norte-americano. O ministro da Argentina aceitou a fórmula desse em relação a Doutrina Drago, ou seja, que o ministro do Chile, Nabuco e Rott levaram cada um a sua parte, em forma de uma resolução que recomendava o pedido à Segunda Conferência da Paz em Haia "que considere até onde é admissível o emprego da força para a cobrança de dívidas públicas".[31] Na votação da Comissão, quanto ao arbitramento, em vez de este ser tratado pela Conferência, votou-se igualmente a primeira proposta dos EUA em uma resolução:

> (...) afirmando a adesão das Repúblicas Americanas ao princípio de arbitragem para a solução das pendências que surjam entre elas e expressando as esperanças das Repúblicas reunidas na Conferência de que a Conferência Internacional que se vai reunir na Haia concorde em uma convenção de arbitramento geral que possa ser aprovada e utilizada por todos os países.[32]

---

30 Códice: 962.III/L230/3783, 3ª Conferência Pan-Americana. Carta enviada por Joaquim Nabuco (Embaixada do Brasil em Washington) ao Barão de Rio Branco, em 31.03.1906.

31 *Idem.*

32 *Idem.*

Assim, estando todas as nações americanas convidadas para a Conferência da Paz em Haia, em 1907, o Barão de Rio Branco observa que talvez fosse conveniente deixar o assunto para essa ocasião. Entretanto, afirmou que o governo brasileiro aceitaria para discussão o programa proposto. Acrescentava que: "na discussão recusaremos o arbitramento incondicional, abrangendo qualquer questão que possam surgir. Queremos excetuar as que ponham em causa os interesses vitais, a honra a independência ou a integridade territorial do país".[33] Além disso, Rio Branco reforçava que o Brasil não aceitaria um arbitro previamente designado para resolver todas as questões que surgissem, pois, além de ser abdicação da soberania "é evidente que um arbitro que convenha hoje pode não convir poucos anos depois, queremos deixar aos governos futuros inteira liberdade de ação e escolha".[34]

Desse modo, no Rio de Janeiro foi aprovada uma resolução que ratificava a adesão a esse princípio, bem como se recomendava às nações americanas representadas na Conferência para que dessem instruções aos seus delegados enviados à Segunda Conferência de Haia para que se empenhassem e garantissem a aprovação de uma convenção geral de arbitragem.[35]

---

33 *Idem.*

34 *Idem.* Ainda para o Barão de Rio Branco "(...) a ideia de um tribunal composto de americanos para opor ao de Haia, onde americanos tem e podem ter parte, parece-nos inaceitável (...) Para resolver questões entre nações da Sul América árbitros escolhidos na América do Norte ou na Europa oferecem maior garantia de imparcialidade".

35 Ao final da Conferência se chegou a seguinte proposta: "Art. 1 – As Repúblicas da América do Norte, do Centro e do Sul adotaram o arbitramento como princípio do Direito Internacional Americano para solução das diferenças, disputas ou controvérsias entre duas ou mais delas. Art. 2 – o arbitramento

Já na Quarta Conferência de Buenos Aires, em 1910, a arbitragem não foi objeto de análise, somente discutiu-se a questão referente às reclamações pecuniárias. Isso parece-nos ter ocorrido em função das disputas extra-oficias que se davam entre os EUA e a Argentina, pois o primeiro preconizava a Doutrina Monroe para resolver os conflitos americanos, enquanto a segunda defendia a Doutrina Drago. Vê-se na preparação do programa dessa Conferência, que para que esta pudesse se realizar de fato, era necessário que a Argentina abrisse mão de alguns pontos conflitantes, entre eles a polêmica Doutrina Drago.

Assim, ao analisarmos como se configurou o tema do arbitramento durante as quatro primeiras Conferências Pan-Americanas, percebemos que esta questão sempre teve grande destaque nas discussões desde as reuniões preparatórias até as assembleias propriamente ditas. Além disso, o tema do arbitramento era tão debatido nesses encontros, em função de tantas polêmicas e alianças, que ocupou grande destaque nas pautas das Conferências.

No entanto, o arbitramento mostrou ser um instrumento frágil e decresceu de importância antes da realização da Quinta Conferência, pois os objetivos da arbitragem caíram por terra em função da eclosão da Primeira Guerra Mundial, fato que demonstrou que a maneira que os países encontraram para dirimir

---

é obrigatório em todas as questões acerca de privilégios diplomáticos e consulares, limites, territórios, indenizações, direito de navegação e validade, inteligência e cumprimento de tratados. Art. 3 – o arbitramento é igualmente obrigatório com a limitação do artigo seguinte, em todas as mesmas questões universal no artigo anterior, quaisquer que sejam a sua causa, a matéria (…)." Códice: 273/3/4, 3ª Conferência Pan-Americana. Recomendação ao governos da resolução a ser apresentada na Conferência de Haia.

AS CONFERÊNCIAS PAN-AMERICANAS (1889 A 1928)

os conflitos foi sobrepondo o meio bélico ao mecanismo da arbitragem, que poderia resolver pacificamente os litígios.

Assim, após o período da Primeira Guerra Mundial (1914-1919), com os países ainda profundamente abalados, houve um movimento mundial para o desarmamento. Também no continente americano esse assunto ganhou grande relevância entre os países americanos, principalmente os do sul do continente.

A Quinta Conferência Pan-Americana foi marcada pela polêmica entre Argentina, Brasil e Chile acerca das condições estratégicas dos referidos países no campo da defesa na América do Sul, em especial no que diz respeito aos armamentos navais (os encouraçados).

No caso do Brasil, o governo se colocava contrário as propostas de desarmamento que pudessem prejudicar o processo de modernização das suas Forças Armadas, baseando-se essencialmente no argumento de que um país com grande população e dimensões continentais como o Brasil, não poderia ter suas capacidades bélicas reduzidas. Segundo Eugênio Vargas Garcia, na década de 1920, o Brasil se opunha ao desarmamento por viver um grande dilema: "(...) o choque de realismo trazido pela Guerra [Primeira Guerra Mundial] fez parecer urgente a necessidade de modernização militar do país em um contexto internacional que apontava em sentido oposto, ou seja, que os países deveriam se desarmar e buscar a paz a qualquer custo"[36]. A Argentina, ao contrário, defendia o princípio da "equivalência naval" estre os Estados do continente, em especial os do Cone Sul,

---

36 GARCIA, Eugênio Vargas. "A diplomacia dos armamentos em Santiago: o Brasil e a Conferência Pan-Americana de 1923". In: *Revista Brasileira de História*, São Paulo, vol. 23, n. 46, 2003, p. 176.

ou seja, buscava um compromisso dos países membros no que dizia respeito à redução ou limitação dos orçamentos militares.

Finalmente, o Chile, ao elaborar o programa do conclave, tentou manter uma postura mediadora (assim como os EUA), ao buscar aprovar na Conferência a "Tese XII", que propunha a redução e/ou limitação dos gastos militares e navais no continente. A tese chilena recomendava a "redução em proporção igual dos gastos militares e navais", o que contrariava os desígnios do governo brasileiro, que só aceitaria uma proposta genérica que não fixasse limites precisos (redução de orçamentos militares). Assim, o Itamaraty buscou na referida Conferência, convencer os demais países que se armava apenas em função da segurança interna e da defesa de seu vasto território. Ainda para Eugênio Vargas Garcia: "A 'proporção igual' que se procurava só deveria ser aceita se fosse previamente declarado que ela seria estabelecida em função do tamanho territorial, do volume da população, da extensão da orla marítima a defender e da capacidade atual de mobilização"[37].

Desse modo, diante de tamanhas divergências, com o intuito de conciliar diferentes interesses, na Conferência de Santiago foi assinado um tratado para evitar ou prevenir conflitos entre os Estados americanos, que ficou conhecido como Pacto Gondra (em referência ao delegado paraguaio responsável pela iniciativa), tratado que buscava servir como exemplo do espírito de conciliação que reinava nas Américas, ao contrário do que acontecia na Europa:

> Os governos representados na Quinta Conferência Internacional dos Estados Americanos, desejando fortalecer cada vez mais os princípios de justiça e de respeito mútuo, que inspiram a política em que observam em suas relações

---

37 *Idem*, p. 179.

recíprocas a avivar em seus povos sentimentos de concórdia e de amizade leal, que contribuam para consolidar ditas relações; confirmam seu mais sincero anseio de manter-se em paz imutável, não só entre si, senão também com todas as outras nações da terra; condenam a paz armada que exagera as forças militares e navais mais além das necessidades de segurança interior e de soberania e independência dos Estados (...).[38]

Por último, a questão do desarmamento também constou da pauta da Sexta Conferência Pan-Americana de Havana, de 1928. Entretanto, esta acabou por reafirmar os princípios estabelecidos na Quinta Conferência, uma vez que os assuntos e argumentos apresentados foram os mesmos da assembleia anterior. Ademais, parece-nos que o assunto ficou resolvido com a adoção do Pacto Gondra.[39]

Desse modo, a partir da documentação estudada, foi-nos possível concluir que a fórmula conciliatória do arbitramento apresentada nas Conferências Pan-Americanas, não obteve consenso, embora o assunto tenha aparecido constantemente nas Conferências de Paz em Haia como mecanismo para solucionar os conflitos internacionais. Assim, entendemos que o arbitramento discutido nas Conferências Pan-Americanas e nas Conferências de Paz, embora tivessem desígnios bastante complexos, objetivaram apenas evitar, na teoria, os possíveis conflitos internacionais armados.

---

38 Códice: 273/3/16, 5ª Conferência Pan-Americana. Histórico da 5ª Conferência Pan-Americana.

39 Códice: 273/3/17, 6ª Conferência Pan-Americana. Histórico da 6ª Conferência Pan-Americana.

Considerações finais

COMO MOSTRAMOS AO LONGO DESTE LIVRO, as Conferências Pan-Americanas foram o palco de discussões e enfrentamentos entre boa parte dos países americanos, destacando-se a disputa ente os EUA e a Argentina. Apresentamos uma reflexão indicando como os representantes dos principais países americanos presentes nas Conferências Pan-Americanas se colocavam em função dos assuntos mais importante tratados nessas assembleias.

Destacamos o papel desempenhado pelo Ministério das Relações Exteriores do Brasil ao longo das seis Conferências Pan-Americanas estudadas, uma vez que boa parte das fontes analisadas compõe-se de documentos produzidos pelo próprio Itamaraty, como por exemplo, ofícios, minutas de despachos e telegramas, dossiês sobre assuntos diversos, protocolos, documentos sobre a composição das delegações, contas, recibos, recortes de jornais, entre outros.

Foi uma das nossas preocupações centrais analisar as posições do Brasil nas Conferências. A diplomacia brasileira pretendeu manter uma posição aparentemente neutra na maior parte das disputas que tiveram lugar nas Conferências Pan-Americanas. Não podia demonstrar apoio total aos EUA (como muitas vezes foi vislumbrado pelo Itamaraty), pois o Brasil tinha outros interesses nacionais a defender que o impediam de fazê-lo. O principal consistia na disputa com a Argentina pela liderança dos países latino-americanos, especialmente com relação ao Cone Sul.

Procuramos mostrar também em nosso trabalho como se configuraram as construções identitárias no contexto das Conferências Pan-Americanas. Foi-nos possível constatar que o primeiro discurso identitário, o pan-americano, apesar de ser o discurso oficial dessas assembleias, não foi hegemônico pois, ao mesmo tempo, foi construído, como seu antagônico, o discurso latino-americano, especialmente pela diplomacia argentina.

No entanto, tanto o discurso pan-americano, quanto o latino--americano, apresentou incongruências. O primeiro, de união e fraternidade entre as repúblicas do continente, muitas vezes se chocava com aquele construído pela diplomacia norte-americana e por diplomatas e intelectuais "americanófilos", cujos argumentos afirmavam que os EUA eram superiores com relação aos demais países da América. Ademais, foi importante observar que as intervenções norte-americanas, no final do século XIX e começo do século XX, foram muito mal recebidas pelos representantes dos países latino-americanos, fragilizando o discurso identitário pan-americano.

Já as contradições do discurso latino-americano relacionavam-se com a disputa de poder entre a Argentina e o Brasil, pois ambos queriam o papel de liderança entre as nações latino--americanas. Desse modo, vimos que o Itamaraty dedicou grandes esforços para estudar as estratégias e ações da diplomacia argentina com relação às questões tratadas nas Conferências

Pan-Americanas, como foi-nos possível observar com relação à intervenção dos EUA na Nicarágua.

Além disso, foi importante constatar que a proposta de união aduaneira, apresentada recentemente pela Área de Livre Comércio das Américas (Alca), tem mais de um século e pouco difere daquela apresentada pelos Estados Unidos na Primeira Conferência Pan- Americana de 1889-1890.

Indicamos também, que os argumentos contemporâneos de negação à proposta de integração aduaneira são muito parecidos com os argumentos apresentados pelos delegados latino-americanos na Conferência Pan-Americana de Washington, pois muitos dos problemas enfatizados pelos representantes dos países que fizeram parte dessa Conferência permanecem, uma vez que os países do continente continuam diferentes entre si, principalmente se comparados aos EUA, inviabilizando uma integração aduaneira, que por princípio pressupõe uma maior igualdade de condições econômicas entre os países membros.

Ainda com relação a integração latino-americana, destacamos os demais projetos (sejam eles bem sucedidos ou não) que visavam apoiar o desenvolvimento das relações comerciais entre os países da América: Câmaras de Comércio e Propaganda; Banco Pan-Americano; União Monetária; Regulamentos Aduaneiros; Codificação do Direito Internacional Público e Privado; Código Sanitário; Regulamentação da Propriedade Literária e Artística, Patentes, Marcas de Fábrica e Comércio e Comunicações e Transportes.

Vimos ainda que a arbitragem foi uma questão central nas Conferências Pan-Americanas. Ela anunciava a passagem da hegemonia internacional da Grã-Bretanha para os EUA nas

Américas. A disputa entre a arbitragem voluntária, proposta encabeçada pelos norte-americanos e a arbitragem obrigatória, proposta liderada pela Argentina (a partir da Conferência do México), se deu dentro de um contexto de litígios, principalmente territoriais, entre os países da América.

Notamos também que os EUA tentavam substituir a Europa, cujos países haviam sido os árbitros tradicionais nas disputas entre países americanos, com o objetivo de assegurar a sua influência política nas Américas e legitimar, quando necessário, suas intervenções nos países do continente. Ao mesmo tempo, com relação à questão da arbitragem, mostramos que, após a Primeira Guerra Mundial, os países do Cone Sul preocuparam-se em conhecer mais de perto o potencial bélico das nações vizinhas, assunto especialmente importante para a Argentina, o Brasil e o Chile.

Em suma, concluímos que, ao contrário do que a bibliografia afirma, os EUA não venceram as grandes disputas que se travaram no âmbito das Conferências, pois nos temas de maior relevância, como a união aduaneira e a arbitragem, a chancelaria norte-americana não obteve os êxitos esperados. Podemos compreender as Conferências Pan- Americanas como espaços que abrigaram muitos enfrentamentos entre o "centro" de poder estadunidense e a resistência das "periferias" latino-americanas. Da mesma maneira, foram perceptíveis as disputas entre as próprias "periferias", destacando-se os enfrentamos, mesmo que indiretos, entre a diplomacia argentina e a brasileira.

FONTES

ARQUIVO HISTÓRICO DO ITAMARATY, RIO DE JANEIRO.

- Pan-americanismo - códice número 960/3;

- União Pan-Americana - códice número 961;

- Doutrina Monroe – códice número 960.2;

- Primeira Conferência Pan-Americana, Washington (1889-1890) – códices números:

962.I, 273/3/4, 273/3/5,

962/L371/5749,

962.I/L230/3781,

962.I/L828/12000,

962.II/32484,

962.III/32485,

962.IV/32486, 273/3/4 e 5.

- Segunda Conferência Pan-Americana, México (1901-1902) – códices números

962.II, 273/3/6, 273/3/7, 273/3/8,

962/L371/5749, e 8 e

962.II/L230/3782,

962/L831/12122

- Terceira Conferência Pan-Americana, Rio de Janeiro (1906) – códices números:

962.III: 273/3/4, 273/3/7, 273/3/9, 273/3/10, 273/3/11, 273/3/12, 273/3/13, 273/3/14,

962.III/L371/5749,

962.III/L230/3783,

962.III/Ll82/3021.

- Quarta Conferência Pan-Americana, Buenos Aires (1910) – códices números:

962.IV, 273/3/15,

962.IV/L192/370,

962.IV/L230/3784.

- Quinta Conferência Pan-Americana, Santiago (1923) – códices números:

962.V, 273/3/16,

962.V/L180/2975,

962.V/L180/2976,

962.V/L180/2977,

962.V/L180/2978,

962.V/L180/2979,

962.V/L180/2980,

962.V/L180/2981,

962.V/L180/2982,

962.V/L180/2983,

962.V/L180/2984,

962.V/L181/2985,

962.V/L181/2986,

962.V/L181/2987,

962.V/L181/2988,

962.V/L181/2989,

962.V/L181/2990,

962.V/L181/2991,

962.V/L181/2992,

962.V/L181/2993,

962.V/L181/2994,

962.V/L181/2995,

962.V/L181/2996,

962.V/L181/2997,

962.V/L181/2998,

962.V/L181/2999,

962.V/L181/3000,

962.V/L181/3001,

AS CONFERÊNCIAS PAN-AMERICANAS (1889 A 1928)

962.V/L181/3002,
962.V/L181/3003,
962.V/L181/3004,
962.V/L181/3005,
962.V/L181/3007,
962.V/L181/3008,
962.V/L181/3009,
962.V/L181/3010,
962.V/L181/3011,
962.V/L181/3012,

962.V/L181/3013,
962.V/L181/3014,
962.V/L181/3015,
962.V/L181/3016,
962.V/L181/3017,
962.V/L181/3018,
962.V/L181/3019,
962.V/L230/3785,
962.V/L230/3786
962.V/L828/11999.

-Sexta Conferência Pan-Americana, Havana (1928) – códices números:

962.VI, 273/3/16273/3/17,
273/3/18, 273/3/20.
962.VI/L125/1036A,
962.VI/L125/1036B,
962.VI/L126/1037,
962.VI/L126/1038,
962.VI/L126/1039,
962.VI/L126/1040,
962.VI/L126/1041,
962.VI/L126/1042,
962.VI/L127/1043,
962.VI/L127/1044,
962.VI/L127/1045,
962.VI/L127/1046,
962.VI/L127/1047,
962.VI/L127/1048,

962.VI/L127/1049,
962.VI/L127/1050,
962.VI/L127/1051,
962.VI/L127/1052,
962.VI/L127/1053,
962.VI/L127/1054,
962.VI/L127/1055,
962.VI/L127/1056,
962.VI/L127/1057,
962.VI/L922/14216,
962.VI/L98/844,
962.VI/L181/2994,
962.VI/L181/2995,
962.VI/L182/3022,
962.VI/L296/4363,
962.VI/L982/14387,

CENTRO DE DOCUMENTAÇÃO E DIVISÃO DE COMUNICAÇÕES E ARQUIVO DO MINISTÉRIO DAS RELAÇÕES EXTERIORES DO BRASIL, BRASÍLIA.

- Primeira Conferência Pan-Americana, Washington (1889-1890):

961.

- Segunda Conferência Pan-Americana, México (1901-1902):

960.II Li359. e 962.II 32484.

- Terceira Conferência Pan-Americana, Rio de Janeiro (1906):

960.III.

960.III Li399 32482. e 962.III 32485.

- Quarta Conferência Pan-Americana, Buenos Aires (1910):

962.IV 32486.

BIBLIOTECA EMBAIXADOR ANTONIO FRANCISCO AZEREDO DA SILVEIRA, BRASÍLIA.

Conferências Internacionales Americanas (1889-1936). Washington: Dotación Carnegie para la Paz Internacional, 1938.

Carnegie Endowment for International Peace. *International Conferences of American States, 1889-1928: a collection of the conventions, recommendations, resolutions, reports and motions adopted by the first six International Conferences of American States, and documents relating to the organisation of the Conferences.* NovaYork: Oxford University Press, 1931.

Referências

ACCIOLY, Hildebrando Pompeu Pinto. *Tratado de Direito Internacional Público.* Rio de Janeiro: Forense, 1953.

AGUILAR MONTEVERDE, Alonso. *El panamericanismo, de la Doctrina Monroe a la Doctrina Janson.* México: Cadernos Americanos, 1965.

ALEIXO, José Carlos Brandi. *O Brasil e o Congresso Anfictônico do Paraná.* Brasília: Funag, 2000.

ALMEIDA, Daniel Freire de. "Fases de Integração Regional". Disponível em: <http//:www.lawinter.com/22008cidfalawinter.htm>. Acessado em: 03/01/2008.

ALMEIDA, Marta de. *Das Cordilheiras dos Andes à Ilha de Cuba, Passando pelo Brasil: os Congressos Médicos Latino-Americanos e Brasileiros (1888-1929).* São Paulo: Departamento de História da USP, 2003.

ALMEIDA, Paulo Roberto de. *O Estudo das Relações Internacionais do Brasil.* Brasília: LGE, 2006.

_____. "O Barão do Rio Branco e Oliveira Lima: Vidas paralelas, itinerários divergentes". In: CARDIM, Carlos Henrique; ALMINO, João (orgs.). *Rio Branco, a América do Sul e a modernização do Brasil*. Brasília: Comissão Organizadora das Comemorações do Primeiro Centenário da Posse do Barão do Rio Branco no Ministério das Relações Exteriores, IPRI-Funag, 2002.

ANDERSON, Benedict. *Comunidades Imaginadas: Reflexões sobre a Origem e a Difusão da Nação*. Lisboa: Edições 70, 2005.

_____. *Nação e Consciência Nacional*. São Paulo: Ática, 1989.

ANDRADE, Olímpio de Souza. *Joaquim Nabuco e o Brasil na América*. São Paulo: Cia Editora Nacional/MEC, 1978.

_____. *Joaquim Nabuco e o Pan-Americanismo*. São Paulo: Companhia Editora Nacional, 1950.

ARAÚJO, João H. Pereira de (org.). *José Maria da Silva Paranhos, Barão de Rio Branco – uma Biografia Fotográfica*. Brasília: Funag, 1995.

ARAÚJO JORGE, Artur Guimarães de. *Introdução às obras do Barão do Rio Branco*. Rio de Janeiro: Ministério das Relações Exteriores, 1945.

ARDAO, Arturo. *Genesis de la Idea y el Nombre de América Latina*. Caracas: Centro de Estudios Latino Americanos Rómulo Gallegos, 1980.

_____. "Panamericanismo y Latinoamaricanismo". In: ZEA, Leopoldo (coord.). *América Latina en sus Ideas*. México: Siglo XXI, Unesco, 1986.

ARNAUD, Vicente Guillermo. *Mercosul – Unión Europea, Nafta y los procesos de integración regional*. Buenos Aires: Abeledo-Perrot, 1996.

ARRIAGA, Victor A. "México y los inicios del movimiento pan-americano (1889-1890)". In: BLANCARTE, Roberto (comp.). *Cultura e Identidad Nacional*. México: FCE, 1994.

ARGUEDAS, José Maria. *Formación de una Cultura Nacional Indoamericana*. México: Siglo XXI, 1975.

ASCENSÃO, José de Oliveira. *Direito Autoral*. Rio de Janeiro: Forense, 1980.

AZEVEDO, José A. Mendonça de. *Vida e obra de Salvador de Mendonça*. Rio de Janeiro: Ministério das Relações Exteriores, 1971.

BAGGIO, Kátia Gerab. *A "outra" América: a América Latina na Visão dos Intelectuais Brasileiros das Primeiras Décadas Republicanas*. São Paulo: Departamento de História da USP, 1999.

BANDEIRA DE MELLO, Affonso de Toledo. *O Espírito do Pan-Americanismo*. Rio de Janeiro: MRE, 1956.

BANDEIRA, Luiz A. Muniz. *Estado Nacional e Política Internacional na América Latina: o Continente nas Relações Argentina-Brasil (1930-1992)*. Brasília: UnB, 1993.

_____. *Conflito e Integração na América do Sul – Brasil, Argentina e Estados Unidos: da Tríplice Aliança ao Mercosul (1870-2003.)*. Rio de Janeiro: Revan, 2003.

BARROS, Alexandre de Souza Costa. "Como o Barão enfrentará a turba?". In: *O Estado de São Paulo*, São Paulo, p. 2, 1 de março de 2010.

_____. "Problemas de transição democrática na frente militar: a definição do papel dos militares, a mudança da doutrina e a modernização do país". In: *Política e Estratégia*, Rio de Janeiro, v. VI, n. 2, 1988, p. 206-214.

_____. "A formulação e a implementação da política externa brasileira: o Itamaraty e os Novos Atores". In: MUÑOZ, Heraldo e TULCHIN, Joseph S. (orgs.). *A América Latina e a Política Mundial*. São Paulo: Convívio, 1986.

_____. "A formação das elites e a constituição do Estado nacional brasileiro". In: *Dados*, Rio de Janeiro, n. 15, 1977, p. 101-122.

BARBOSA, Rui. *Obras Completas*. Rio de Janeiro: Fundação Casa de Rui Barbosa, 1967.

BASSO, Maristela. "Lei Nova revitaliza a arbitragem no Brasil como método alternativo-extrajudicial de solução de conflitos de interesses". In: *Revista dos Tribunais*, São Paulo, vol. 85, n. 733, p. 11-23, nov. 1996.

BAUMAN, Zygmunt. *Identidade: entrevista a Benedetto Vecchi*. Rio de Janeiro: Zahar, 2005.

BEIGUELMAN, Paula. "Joaquim Nabuco: Teoria e Práxis". In: *Joaquim Nabuco: Política*. São Paulo: Ática, 1982.

BELLOTO, Manoel Lelo; CÔRREA, Ana Maria Martinês. *Simon Bolívar: Política*. São Paulo: Ática, 1983.

BELTRAMINO, Pablo; GOÑI, Santos. *La diplomacia argentina ante el Congreso de los Estados Unidos*. Buenos Aires: GEL, 2001.

BEMIS, Samuel Flagg. *The Latin-American Policy of the United States. An Historical Interpretation*. Nova York: The Norton Library, 1971.

BENJAMIN, Walter. "Teses Sobre a Filosofia da História". In: KOHTE, Flávio (org.). *Walter Benjamin*. São Paulo: Ática, 1985.

BERNAL-MEZA, Raúl. *América Latina en el mundo. El pensamento latinoamericano y la teoría de relaciones internacionales*. Buenos Aires: GEL, 2005.

BETHELL, Leslie "O Brasil e as Conferências Pan-Americanas". In: ABREU, Alzira Alves de (org.). *Dicionário Histórico-Biográfico da Primeira República (1889-1930)* 3 vols. Rio de Janeiro: CPDOC/FGV, no prelo, 2012/3.

_____. "O Brasil entre Europa, Estados Unidos e América Latina no pensamento de Joaquim Nabuco". *Novos Estudos CEBRAP*, n. 88, nov. 2010, p. 73-87.

BHABHA, Homi K. *O Local da Cultura*. Belo Horizonte: Editora UFMG, 1998.

BRADEN, Spruille. *Diplomats and demagoges. The memoirs of Spruille Braden*. New Rochelle: Arlington House, 1971.

BROCKWY, Thomas P. *Documentos básicos de la política exterior de los EE.UU*. Buenos Aires: Àgora, 1996.

BROWN SCOTT, James. "Introducción". In: Dotación Carnegie para la Paz Internacional, *Conferencias Internacionales Americanas, resoluciones y mociones adoptadas por las siete primeras conferencias internacionales americanas*. Washington: Dotación Carnegie para la Paz Internacional, 1938.

BUENO, Clodoaldo. *Política Externa da Primeira República*. São Paulo: Paz e Terra, 2003.

_____. *Da Pax Britânica à Hegemonia Norte-Americana: o Integracionismo nas Conferências Internacionais Americanas (1826-1906)*. In: *Estudos Históricos*, n. 20, 1997.

BUENO, Clodoaldo. *A República e sua Política Exterior: 1889 a 1902*. São Paulo: Editora Unesp; Brasília: Funag, 1995.

BULCOURF, Carlos. "Voces de alerta contra la Conferencia Panamericana de 1889". In: *Ciclos en la Historia, la Economia y la Sociedad*, año IX, n. 17, primer semestre, Buenos Aires: FIHES, 1999.

BURR, Robert N.; HUSSEY, Ronald. *Documents on Inter-American Cooperation 1881-1948*. Filadelfia: University of Pennsylvania Press, 1955.

CAICEDO CASTILLA, José Joaquín. *El panamericanismo*. Buenos Aires: R. Deplama, 1961.

CALVO, Alejandro. *Política Americana*. Buenos Aires: Imp. La Universidad, 1886.

CAMERON, Ian. *The Impossible Dream: the Building of the Panama Canal*. Nova York: William Morrow, 1972.

CANCINO, Francisco Cuevas. *Del Congresso de Panamá a la Conferencia de Caracas (1826-1954)*. Caracas: Oficina Central de Información, 1976.

"Carnegie Endowment for International Peace". Disponível em: http://carnegieendowment.org/about. Acessado em: 15/06/2009.

CANYES, Manuel. *The meetings of consultation: their origin, significance and role in inter-American relations*. Washington: Div. of Law and Treaties, Dep. of Int. Law, Pan American Union, 1956.

CAPELATO, Maria Helena Rolim. "O 'Gigante Brasileiro' na América Latina: ser ou não ser latino-americano". In: MOTA, Carlos Guilherme (org.). *Viagem Incompleta: a Experiência Brasileira. A Grande Transação*. São Paulo: Editora Senac, 2000.

_____. *Multidões em Cena: Propaganda Política no Vargismo e no Peronismo*. Campinas: Papirus, 1998.

CARDIM, Carlos Henrique; ALIMINO, João (orgs.). *Rio Branco: A América do Sul e a Modernização do Brasil*. Rio de Janeiro: EMC, 2002.

CARVALHO, Carlos Delgado de. *História Diplomática do Brasil*. São Paulo: Cia Editora Nacional, 1959.

CARVALHO, Eugênio Resende. *Nossa América: a utopia de um novo mundo*. São Paulo: Anita Garibaldi, 2001.

CARVALHO, José Murilo de. *A Formação das Almas: o Imaginário da República no Brasil*. São Paulo: Companhia das Letras, 1990.

_____. *Os Bestializados: o Rio de Janeiro e a República que não foi*. São Paulo: Companhia das Letras, 1996.

CARVALHO, Maria Auxiliadora de; SILVA, César Roberto Leite. *Economia Internacional*. São Paulo: Saraiva, 2000.

CARVALHO, Maria Alice Rezende de. *O Quinto Século, André Rebouças e a Construção do Brasil*. Rio de Janeiro: Revan/ Iuperj, 1998.

CASELLA, Paulo Borba (coord.). *Contratos Internacionais e Direito Econômico no Mercosul*. São Paulo: LTR, 1996.

CASTILLA, José Joaquin Caicedo. *El Panamericanismo*. Buenos Aires: Roque de Palma Editor, 1961.

CASTILLO, Antonio del. *Antecedentes del panamericanismo: Panamá del congreso de 1826, a la Reunión de Presidentes Americanos de 1956*. Bogotá: Iqueima, 1956.

CASTRO, Flávio M. de Oliveira. *História da Organização do Ministério das Relações Exteriores*. Brasília: UnB, 1983.

CATROGA, Fernando. *O Céu da Memória*. Coimbra: Minerva, 1999.

CERVO, Amado Luiz. *Relações Internacionais na América Latina: Velhos e Novos Paradigmas*. Brasília: Funag, 2001.

CERVO, Amado Luiz; BUENO, Clodoaldo. *História da Política Exterior do Brasil*. São Paulo: Ática, 1992.

CERVO, Amado Luiz; DÖPCKE, Wolfgang (orgs.). *Relações Internacionais dos Países Americanos*. Brasília: LGE, 1994.

CERVO, Amado Luiz; Rapoport Mario (orgs.). *História do Cone Sul*. Rio de Janeiro: Revan; Brasília: UnB, 1998.

CERQUEIRA, Daniel Lopes. "Os efeitos da Área de Livre Comércio das Américas sobre os processos de integração, economia e sociedade na América Latina. Direito Internacional Público Doutrina Jus Navigandi". Disponível em: <http://jus2.uol.com.br/doutrina/texto/.asp>. Acessado em: 04.01.2008.

CHARTIER, Roger. *A História Cultural: entre Práticas e Representações*. Lisboa: Difel; Rio de Janeiro: Bertrand Brasil, 1990.

CHEIBUB, Zairo Borges. "A Formação do Diplomata e o Processo de Institucionalização do Itamaraty: Uma Perspectiva Histórica e Organizacional". In: *Leituras Especiais - Instituto Rio Branco*, Brasília, vol. 25, n. 1, 1994, p. 5-30.

_____. "A Carreira Diplomática no Brasil: O Processo de Burocratização do Itamaraty". In: *Revista de Administração Pública*, Rio de Janeiro, vol. 23, n. 2, 1989, p. 97-128.

_____. "Diplomacia e Formação do Estado Nacional". In: *Política e Estratégia*, São Paulo, vol. 5, n. 1, 1987, p. 56-68.

_____. "Diplomacia e Construção Institucional: O Itamaraty em uma Perspectiva Histórica". In: *Dados*, vol. 28, n. 1, 1985, p. 113-131.

CHIANELLI, Trinidad Delia. "Cien años de paramericanismo". In: *Todo es Historia*, num. 270, dec., Buenos Aires, 1989.

CONDE, Roberto Cortes. *Hispanoamérica: la apertura al comercio mindial: 1850-1930*. Buenos Aires: Paidós, 1974.

CONIL PAZ, Alberto. *Historia de la Doctrina Drago*. Buenos Aires: Academia Nacional de Derecho y Ciencias Sociales de Buenos Aires, 1975.

CONNELL-SMITH, Gordon. *The United States and Latin America. An historical analysis of Inter-American relations*. Nova York: John Wiley & Sons, 1974.

_____. *El sistema interamericano*. México: FCE, 1971.

_____. *The Inter-American System*. Oxford: Oxford University Press, 1966.

COOLIDGE, Calvin. "Address Before the Pan American Conference at Havana, Cuba". Disponível em: http://www.presidency. ucsb.edu/ws/index.php?pid=443. Acessado em: 14/03/2007.

COROMINAS, Enrique V. *Historia de las conferencias interamericanas: desde el Congreso de Panamá hasta la conferencia Interamericana de Caracas, en 1954*. Buenos Aires: Propulsión, 1959.

COSTA, Emilia Viotti da. *Da Monarquia à República: Momentos Decisivos*. São Paulo: Brasiliense, 1985.

COSTA, Wanderley Messias da. *O Estado e as Políticas Territoriais no Brasil*. São Paulo: Edusp/Contexto, 1988.

CUNHA, Pedro Penner da. *A diplomacia da paz. Rui Barbosa em Haia*. Rio de Janeiro: Fundação Casa de Rui Barbosa, 1977.

DABAH, Alejandro Daniel. *El contrato internacional en el Mercosul*. Buenos Aires: Quorum, 2005.

DENNISON, Stephanie. *Joaquim Nabuco: Monarchism, Panamericanism and Nation-Building in the Brazilian Belle Epoque*. Berlim: Peter Lang, 2006.

DENT, David W. *The legacy of the Monroe Doctrine. A reference guide to U.S. involvement in Latin America and the Caribbean*. Westport: Green-Wood Press, 1999.

DOMINGUES, José Maurício. "Desencaixes, Abstrações e Identidades". In: *Revista USP*: "Pós-Modernidade e Multiculturalismo". Comunicação Social, USP, n. 1 (mar./ mai. 1989). São Paulo, 1989.

DORATIOTO, Francisco. *Espaços Nacionais na América Latina: da Utopia Bolivariana à Fragmentação.* São Paulo: Brasiliense, 1994.

DULLES, Foster Rhea. *Prelude to World Power. An American Diplomatic History, 1860-1900.* Nova York: The MacMillan Company, 1965.

DUROSELLE, Jean Baptiste. *Politica Exterior de los Estados Unidos, 1913-1945.* México: FCE, 1965.

EKLES, Alfred E. Jr. *Opening America´s market. U.S. foreign trade policy since 1776.* Chapel Hill: The University of North Carolina Press, 1995.

"El estadista que escribió nuestro primer cuento". Disponível em: http://www.memoriachilena.cl/temas/index.asp?id_ut=juaneganarisco. Acessado em: 21.05.2007.

ESCUDÉ, Carlos. "La Primera Conferencia Panamericana (Washington, 1889): el comienzo de la confrontación entre la Argentina y Estados Unidos". In *Historia General de las Relaciones Exteriores de la República Argentina, 2000.* Disponível em:<http://www7.cema.edu.ar/ceieg/arg-rree/8/8-016.htm>. Acessado em: 06/02/2008.

_____. *El realismo periférico.* Buenos Aires: Planeta, 1992.

_____."Argentina: The costs of contradiction". In: LOWENTHAL, Abraham (ed.). *Exporting democracy: the United States and Latin America.* Baltimore: The John Hopkins University Press, 1991.

ESCUDÉ, Carlos; CISNEROS, Andrés (org.). *Historia general de las relaciones exteriores de la República Argentina*. Buenos Aires: GEL, 2000.

ETCHEPAREBORDA, Roberto. *Historia de las realciones internacionales argentinas*. Buenos Aires: Pleamar, 1978.

_____. *Zeballos y la política exterior argentina*. Buenos Aires: Pleamar, 1982.

FABELA, Isidoro. *Las Doctrinas Monroe y Drago*. México: Escuela Nacional de Ciencias Políticas y Sociales, 1957.

FAGG, John Edwin. *Pan Americanism*. Malabar: Krieger Publishing Co.,1982.

FERNÁNDEZ RETAMAR, Roberto. "Introdução a José Martí". In: MARTÍ, José. *Nossa América*. São Paulo: Hucitec, 1983.

FERRARA, Orestes. *El panamericanismo y la opinión europea*. Paris: Le Livre Libre, 1930.

FERRARI, Gustavo. *Esquema de la política exterior argentina*. Buenos Aires: Eudeba, 1981.

_____. *Estanislao S. Zaballos*. Coleção "Los diplomáticos", Buenos Aires: Cari, 1995.

FERREIRA, Marieta de Morais. "A Nova 'Velha História': O Retorno da História Política". In: *Estudos Históricos*, Rio de Janeiro, vol. 5, n. 10, 1992.

FRANCO, Maria Sylvia de Carvalho. "As Ideias estão no Lugar". In: *Cadernos de Debate*, n. 1. São Paulo: Brasiliense, 1976, p. 59-64.

FREIRE E ALMEIDA, Denis. "Fases de Integração Regional 2008". Disponível em: <http//:<www.lawinter.com/22008cidfalawinter.htm>. Acessado em 03/01/2008.

Fundação Casa Rui Barbosa. "A 2ª Conferência da Paz". Disponível em: <http:www.casaruibarbosa.gov.br>. Acessado em: 08/01/2008.

GALLARDO NIETO, Galvarino. *Panamericanismo*. Santiago do Chile: Imprenta Nascimento, 1941.

GARCEZ, José Maria Rossani. *Contratos Internacionais Comerciais*. São Paulo: Saraiva, 1994.

GARCÍA BAUER, Carlos. *Universalismo y panamericanismo*. Guatemala: Editora Universitaria, 1968.

GARCÍA CANCLINI, Néstor. *Culturas Híbridas*. São Paulo: Edusp, 1997.

GARCIA, Eugênio Vargas. *Cronologia das Relações Internacionais do Brasil*. Rio de Janeiro: Contraponto; Brasília: Funag, 2005.

_____. *A diplomacia dos armamentos em Santiago: o Brasil e a Conferência Pan-Americana de 1923*. In: *Revista Brasileira de História*, São Paulo, vol. 23, n. 46, 2003.

GELLNER, Ernest. *Nações e Nacionalismo*. Lisboa: Gradiva, 1993.

_____. *Culture, Identity and Politics*. Cambrige; Nova York: University Press, 1995.

GERBI, Antonello. *O Novo Mundo*. *História de uma Polêmica (1750-1900)*. São Paulo: Companhia das Letras, 1996.

GIL, Enrique. *Evolución del panamericanismo: el credo de Wilson y el panamericanismo*. Buenos Aires: Jesús Menéndez, 1933.

GIL, Frederico G. *Latin American-United States Relations*. Nova York: H. Brace Jovanovich, 1971.

GILBERT, Felix; GRAUBARD, Stephen (orgs). *Historical studies today*. Nova York: Norton, 1971.

GILDERHUS, Mark T. *The Second century. U.S. American relations since 1889*. Wilmington: Scholarly Resources, 2000.

_____. *Pan American Visions: Woodrow Wilson in the Western Hemisphere, 1913-1921*. Tucson: University of Arizona Press, 1986.

GÓES FILHO, Paulo. *O Clube das Nações: a missão do Brasil na ONU e o mundo da diplomacia parlamentar*. Rio de Janeiro: Relume Dumará: Núcleo de Antropologia da Política/UFRJ, 2003.

GOMES, Luiz Souza. *América Latina, Seus Aspectos, Sua História, Seus Problemas*. São Paulo: Fundação Getúlio Vargas, 1966.

GONZÁLEZ CASANOVA, Pablo. *História Contemporânea da América Latina. Imperialismo e Libertação*. São Paulo: Vértice, 1987.

GOUVÊA, Fernando da Cruz. *Joaquim Nabuco entre a Monarquia e a República*. Recife: Fundação Joaquim Nabuco: Massangana, 1989.

GREEN, Philip Leonard. *Pan American Progress*. Nova York: Hastings House Publishers, 1942.

GRUZINSKI, Serge. *La Guerra de las Imagenes. De Cristóbal Colón a "Blade Runner" (1492-2019)*. México: FCE, 1994.

GUERREIRO, José Alexandre Tavares. *Fundamentos da Arbitragem do Comércio Internacional*. São Paulo: Saraiva, 1993.

GUTFRIEND, Ieda; REICHEL, Heloísa Jochims. *Fronteiras e Guerras no Prata*. São Paulo: Atual, 1995.

HALL, Stuart. *Identidade Cultural na Pós-Modernidade*. Rio de Janeiro: DP & A, 2005.

_____. *Da Diáspora: Identidades e Mediações Culturais*. Belo Horizonte: Editora UFMG, 2003.

HALPERÍN DONGHI, Túlio. *História da América Latina*. Rio de Janeiro: Paz e Terra, 1975.

_____. *História Contemporánea de América Latina*. Madrid: Alianza Editorial, 1975.

HARTOG, François. *O Espelho de Heródoto: Ensaio Sobre a Representação do Outro*. Belo Horizonte: Editora UFMG, 1999.

HEALY, David. *James G. Blaine and Latin America*. Columbia: University of Missouri Press, 2002.

HEILBRONER, Robert. *A História do Pensamento Econômico*. São Paulo: Nova Cultural, 1996.

HEREDIA, Edmundo A. *La Guerra de los Congresos: el Pan-Hispanismo contra el Panamericanismo*. Córdoba: Junta Provincial de Historia, 2007.

"História da Organização dos Estados Americanos". Disponível em: http://www.oas.org/pt/sobre/nossa_historia.asp. Acessado em: 04/06/2007.

"História: Textos e Documentos". Disponível em: http:// historia.ricafonte.com/textos/Historia_Brasil/Império/ Manifesto. Acessado em: 21/05/2007.

"History of the Department of Foreign Affairs and International Trade". Disponível em: http://www.international.gc.ca/history-histoire/department-ministere/index.aspx. Acessado em: 04/06/2007.

HOBSBAWM, Eric. "Não Basta a História da Identidade". In: *Sobre História*. São Paulo: Companhia das Letras, 2000.

HOBSBAWM, Eric; RANGER, Terence (orgs.). *A Invenção das Tradições*. Rio de Janeiro: Paz e Terra, 1984.

INMAN, Samuel Guy. *Inter-American Conferences, 1826-1954: history and problems*. Washington, D.C.: The University Press, 1965.

"Internacional: A história da Alca". Disponível em: <http:// www2.fpa.org.br/modules/news/arti cle.php?storyid=2500. Acessado em: 06/02/08.

JANOTTI, Maria de Lourdes Mônaco. *Os Subversivos da República*. São Paulo: Brasiliense, 1986.

JOSEPH, Gilbert M.; LEGRAND, Catharine C.; SALVATORE, Ricardo D. (orgs.). *Close Encounters of Empire: Writing the Cultural History of. U.S. – Latin American Relations*. Durham: Duke University Press, 1998.

JULLIARD, Jaques. "A Política". In: LE GOFF, Jacques; NORA, Piere. *História: Novas Abordagens*. Rio de Janeiro: Francisco Alves, 1976.

KARNAL, Lenadro. (org.). *História dos Estados Unidos*. São Paulo: Contexto, 2011.

LAMPREIA, Luiz Felipe. *Diplomacia Brasileira: Palavras, Contextos e Razões*. Rio de Janeiro: Lacerda, 1999.

LARRAMENDI, Ignácio Hernando. *Utopia de La Nueva América*. Madrid: Mapfre, 1992.

LE GOFF, Jacques. *História e Memória*. Campinas: Editora Unicamp, 1990.

LE GOFF, Jacques; NORA, Pierre. *História: Novas Abordagens*. Rio de Janeiro: Francisco Alves, 1976.

LIMERICK, Patricia Nelson. *The Legacy of Conquest: The Unbroken Past of the American West*. Nova York: W. W. Norton & Company, 1987.

LINS, Álvaro. *Rio Branco, Biografia Pessoal e História Política*. São Paulo: Alfa Omega, 1996.

LOBO, Hélio. *Entre Georges Canning e James Monroe*. Rio de Janeiro: Companhia Editora Nacional, 1912.

_____. *O Pan-Americanismo e o Brasil*. Rio de Janeiro: Companhia Editora Nacional, 1939.

LOCKEY, Joseph Byrne. *Essays in Pan-Americanism*. Washington: Kennikat Press, 1939.

_____. *Pan-Americanism: its beginnings*. Nova York: Macmillan, 1920.

LÓPEZ MALDONADO, Ulpiano. *Del congreso de Panamá a la conferencia de Caracas, 1826-1954*. Quito: Imprenta del Ministerio de Educación, 1954.

MACEDO, Carlyle G. *Notas para uma história recente da saúde pública na América Latina*. Brasília: OPAS-Representação do Brasil, 1997.

MAGNOLI, Demétrio. *O Corpo da Pátria: Imaginação Geográfica e Política Externa no Brasil (1808-1912)*. São Paulo: Editora Unesp/Moderna, 1997.

MAIA, Jayme de Mariz. *Economia Internacional e Comércio Exterior*. São Paulo: Atlas, 2003.

MAIOR, Luiz A. P. Souto. "O Pan americanismo e o Brasil". In: *Revista do Instituto Histórico e Geográfico Brasileiro*, vol. 378/9. Rio de Janeiro, 1993, p. 331-349.

MALATIAN, Teresa. *Oliveira Lima e a Construção da Nacionalidade*. Florianópolis: Edusc, 2001.

"Manifesto Republicano aos Nossos Concidadãos (1870)". In: BONAVIDES, Paulo; VIEIRA, R. A. Amaral. *Textos políticos da história do Brasil*. Fortaleza: Imprensa Universitária da UFCE, 1973.

MARICHAL, Carlos (org.). *México y las Conferencias Panamericanas 1889-1938. Antecedentes de la globalización*. México: Secretaria de Relaciones Exteriores, 2002.

MARTÍ, José. *Nossa América*. São Paulo: Hucitec, 1983.

_____. *Obras Completas*. Havana: Editorial de Ciencias Sociales, 1975.

MARTINEZ, Ricardo A. *De Bolívar a Dulles: el panamericanismo, doctrina y praticas imperialistas*. México: América Nueva, 1959.

MARTINS, Estevão Chaves (org.). *Relações Internacionais: Visões do Brasil e da América Latina*. Brasília: IBRI, 2003.

MCGRANN, Thomas F. *Argentina, Estados Unidos y el sistema interamericano, 1880-1914*. Buenos Aires: Eudeba, 1960.

MCPHERSON, Alan. *Yankee No! Anti-americanism in. U.S. – Latin American relations*. Cambridge: Harvard University Press, 2003.

MELO, Leopoldo. *Panamericanismo y la Reunión de la Habana*. Buenos Aires: Gerónimo Pesce y Cia, 1940.

MENDONÇA, Carlos Süssekind de. *Salvador de Mendonça: democrata do Império e da República*. Rio de Janeiro: FNL, 1960.

MENDONÇA, Salvador de. *A situação internacional do Brasil*. Rio de Janeiro: Livraria Garnier, 1913.

MERINO BRITO, Eloy Genaro. *Panamericanism, Imperialism and Non-Intervention*. Habana: Ministério de Relaciones Exteriores, 1967.

MIRANDA, Pontes de. *Direito Processual Civil*. São Paulo: Forense, 1962.

MOLL, Aristides. "The Pan American Sanitary Bureau: its origin, development and achievements: a review of inter-american cooperation in public health, medicine, and allied fields". In: *Boletín de la Oficina Sanitaria Panamericana*, vol. 19, n. 12, p. 1219-34, Washington, 1940.

"Monroe Doctrine". Disponível em: http://www.loc.gov/rr/program/bib/ourdocs/Monroe.html. Acessado em: 21/03/2007.

MORENO PINO, Ismael. *Orígenes y Evolución del sistema interamericano*. México: SER, 1977.

MORENO QUINTANA, Lucio. *Elementos de política internacional*. Buenos Aires: Perrot, 1955.

MORGENFELD, Leandro. *Argentina y Estados Unidos en las Conferencias Panamericanas (1880-1955)*. Buenos Aires: Continente, 2011.

MORSE, Richard. *O Espelho de Próspero. Cultura e Ideias nas Américas*. São Paulo: Companhia das Letras, 1988.

MOTA, Carlos Guilherme (org.). *Viagem incompleta: a experiência brasileira. A grande transação*. São Paulo: Editora Senac, 2000.

MOURA, Cristina Patriota de. *O Instituto Rio Branco e a Diplomacia Brasileira: um estudo de carreira e socialização*. Rio de Janeiro: FGV, 2007.

_____. *Rio Branco. A Monarquia e a República*. Rio de Janeiro: FGV, 2003.

MUÑOZ, Heraldo; TULCHIN, Joseph. *A América Latina e Política Mundial*. São Paulo: Convívio, 1986.

NABUCO, Carolina. *A Vida de Joaquim Nabuco*. São Paulo: Companhia Editora Nacional, 1929.

NABUCO, Joaquim. *Balmaceda*. São Paulo: Companhia Editora Nacional; Rio de Janeiro: Civilização Brasileira, 1937.

_____. *Cartas a Amigos.* São Paulo: Instituto Progresso Editorial, 1949.

_____. *Minha Formação.* Rio de Janeiro; Brasília: José Olympio/ INL, 1976.

_____. *O Abolicionismo.* Petrópolis: Vozes, 1988.

_____. *O Dever dos Monarquistas. Carta ao Almirante Jaceguay.* Rio de Janeiro: Typ, Leuzinger, 1895.

_____. *Pensamentos Soltos: Camões e Assuntos Americanos.* São Paulo: Instituto Progresso Editorial, 1949.

NOGUEIRA, Marco Aurélio. *As Desventuras do Liberalismo.* Rio de Janeiro: Paz e Terra, 1984.

O'GORMAN, Edmundo. *A Invenção da América: Reflexão a Respeito da Estrutura Histórica do Novo Mundo e do Sentido do seu Devir.* São Paulo: Editora Unesp, 1992.

OLIVEIRA LIMA, Manoel de. *América Latina e América Inglesa: A Evolução Brasileira Comparada com a Hispano-Americana e com a Anglo-Americana.* Rio de Janeiro: Garnier, 1913.

_____. *Coisas Diplomáticas.* Lisboa: A Editora, 1908.

_____. *Impressões da América Espanhola (1904-1906).* Rio de Janeiro: Livraria José Olympio, 1937.

_____. *Na Argentina (Impressões 1918-1919).* São Paulo; Rio de Janeiro: Weiszflog Irmãos, 1920.

_____. *Nos Estados Unidos: Impressões Políticas e Sociais.* Leipzig: F. A. Brockhaus, 1899.

_____. *Obra Seleta.* Rio de Janeiro: Instituto Nacional do Livro, 1971.

_____. *O Movimento da Independência: O Império Brasileiro (1821-1889).* São Paulo: Melhoramentos, 1912.

_____. *Pan-Americanismo (Monroe, Bolívar, Roosevelt).* Brasília: Senado Federal; Rio de Janeiro: Fundação Casa Rui Barbosa, 1980.

OLIVEIRA, Lúcia Lippi. *A Questão Nacional na Primeira República.* São Paulo: Brasiliense, 1990.

"Organização dos Estados Americanos". Disponível em: http://www.oas.org/main/portuguese/. Acessado em: 08/01/2008.

ORTIZ, Renato. *Cultura Brasileira e Identidade Nacional.* São Paulo: Brasiliense, 1985.

OTERO, Delia del Pilar. *Integración Latinoamericana. Ciclos en la construción de un proyeto fundacional.* Córdoba: Alción, 2007.

PARADISO, José. *La política exterior argentina y sus protagonistas, 1880-1995.* Buenos Aires: GEL, 1996.

PAZ, Octavio. *O Labirinto da Solidão e Post Scriptum.* Rio de Janeiro: Paz e Terra, 1984.

PECEQUILO, Cristina. *A Política Externa dos EUA: Continuidade ou Mudança?* Porto Alegre: UFRGS, 2003.

PEIXOTO, Fernando (org). *José Martí: Nossa América 1853-1895.* São Paulo: Hucitec, 1983.

PEREIRA, Gabriel Terra. *A diplomacia da americanização de Salvador de Mendonça (1889-1898).* São Paulo: Cultura Acadêmica, 2009.

PEREIRA, Juan Carlos (org.). *Historia de la relaciones internacionales contemporâneas*. Barcelona: Ariel, 2003.

PERKINS, Dexter. *La política exterior norteamericana*. Barcelona: Bosch, 1956.

_____. *Historia de la Doctrina Monroe*. Buenos Aires: Eudeba, 1964.

PRADO, Maria Ligia Coelho. *A Formação das Nações Latino-Americanas*. São Paulo: Atual, 1986.

_____. "Davi e Golias: as Relações entre Brasil e Estados Unidos no século XX". In: MOTA, Carlos Guilherme (org.). *Viagem Incompleta. A Grande Transação*. São Paulo: Editora Senac, 2000.

_____. *América Latina no Século XIX: Tramas, Telas e Textos*. São Paulo: Edusp, 2004.

_____. "O Brasil e a Distante América do Sul". In: *Revista de História*, n. 145, 2001, p. 127-149.

_____. *Identidades Latino-Americanas (1870-1930)*, mimeo, 2000.

PRATT, Mary Louise. *Olhos do Império: Relato de Viagem e Transculturação*. São Paulo: Edusc, 1992.

PUIG, Juan Carlos. *Doctrinas internacionales y autonomia latinamericana*. Caracas: Universidad Simón Bolívar, Instituto de Altos Esdudios de America Latina y OEA, 1980.

_____. *America Latina: Políticas Exteriores comparadas*. Buenos Aires: GEL, 1984.

QUATTROCCHI-WOISSON, Diana. "Du Rosisme au Péronisme. Le Rôle de l'Histoire dans la Construction d'une Identité Nationale". In: PESCHANSKI, Denis et al (dir.) *Histoire Politique et Sciences Sociales*. Bruxelles: Editions Complexe, 1991, p. 215-232.

QUESADA, Enesto. "La Conferencia Panamericana de Washington". In: *Revista de Derechos, Historia e Letras*, Buenos Aires, 1919.

RAMÍREZ NOVOA, Ezequiel. *La farsa del panamericanismo y la unidad indoamericana*. Buenos Aires: Indoamérica, 1955.

RAMOS, Julio. *Desencuentros de la Modernidad en América Latina*. México: FCE, 1989.

RAPOPORT, Mario; SPIGUEL, Claudio. *Política Exterior Argentina. Poder y Conflitos Internos (1880-2001)*. Buenos Aires: Capital Intelectual, 2005.

RANGEL, Vicente Marotta. "Solução de controvérsias após Ouro Preto." In: CASELLA, Paulo Borba (coord.). *Contratos internacionais e Direito Econômico no Mercosul*. São Paulo: LTR, 1996.

RÉ, Flávia Maria. *A distância entre as Américas: uma leitura do Pan-Americanismo nas primeiras décadas republicanas do Brasil (1889-1912)*. São Paulo, Universiade de São Paulo, 2010.

RÉMOND, René. *Por uma História Política*. Rio de Janeiro: UFRJ/ FGV, 1996.

REZEK, José Francisco. *Direito Internacional Público*. São Paulo: Saraiva, 1991.

RIPPY, J. Fred. *La rivalidad entre Estados Unidos y Gran Bretaña por América Latina*. Buenos Aires: Eudeba, 1967.

RODRIGUEZ LARRETA, Aureliano. *Orientación de la política internacional en América Latina*. Montevideo: Peña y Companhia Impresores, 1938.

ROSANVALLON, Pierre. "Por uma História Conceitual do Político". In: *Revista Brasileira de História*. São Paulo: ANPUH, Contexto, vol. 15, n. 30, 1995.

ROUQUIÉ, Alain. *O Extremo-Ocidente. Uma Introdução à América Latina*. São Paulo: Edusp, 1991.

SALLES, Ricardo. *Joaquim Nabuco: um pensador do Império*. Rio de Janeiro: Topbooks, 2002.

SALVATORE, Ricardo D. *Imágenes de um Império. Estados Unidos y las Formas de Representación de América Latina*. Buenos Aires: Editorial Sudamerica, 2006.

_____. "The Enterprise of Knowledge: Representational Machines of Informal Empire". In: LEGRAND, Catharine C.; SALVATORE, Ricardo D. (orgs.). *Close Encounters of Empire: Writing the Cultural History of. U.S. – Latin American Relations*. Durham: Duke University Press, 1998.

SANSÓN-TERÁN, José. *El interamericanismo en marcha. De Bolivar y Monroe al rooseveltianismo*. Cambridge: Harvard University Press, 1949.

SANTOS, Luís Claudio Villafañe Gomes. *O Evangelho do Barão: Rio Branco e a identidade brasileira*. São Paulo: Editora Unesp, 2012.

228   TEREZA MARIA SPYER DULCI

_____. *O dia em que adiaram o Carnaval: política externa e a construção do Brasil*. São Paulo: Editora Unesp, 2010.

_____. *O Brasil entre a América e a Europa: O Império e o interamericanismo (do Congresso do Panamá à Conferência de Washington)*. São Paulo: Editora Unesp, 2004.

_____. *O Império e as repúblicas do Pacífico: as relações do Brasil com Chile, Bolívia, Peru, Equador e Colômbia (1822-1889)*. Curitiba: UFPR, 2002.

SANZ, Luis Santiago. *La primera conferencia interamericana, 1889-1890: dos percepciones sobre la política exterior argentina con los Estados Unidos*. Buenos Aires: Jockey Club, 1990.

SARAIVA, José Flávio Sombra; PEIXOTO, João Paulo Machado. *Integração Hemisférica: Dimensões Econômicas, Políticas e Sociais*. Brasília: Instituto Teotônio Vilela, 2000.

SARAIVA, José Flávio Sombra. "Projeção Internacional da América do Sul". In: *Revista Brasileira de Política Internacional*, Brasília, vol. 43(02), p. 198-201, 2000.

_____."Estado e Nação na História das Relações Internacionais dos Países Americanos". In: *Revista Brasileira de Política Internacional*, Brasília, vol. 37, n. 2, p. 113-116, 1994.

_____. *Relações Internacionais - Dois Séculos de História*. Brasília: Instituto Brasileiro de Relações Internacionais, 2001. vol. 2.

SCENNA, Miguel Àngel. *Argentina-Brasil: cuatro siglos de rivalidad*. Buenos Aires: La Bastilla, 1975.

SCHWARZ, Roberto. *Ao Vencedor as Batatas*. São Paulo: Duas Cidades, 1981.

SCOTT, James Brown. "Los ideales del panamericanismo". In: *World Affairs*, vol. 98, n. 2, jun., Washington: Sociedad Americana de la Paz, 1935.

SHEININ, David. *The Organization of American States*. New Brunswick: Transaction Publishers, 1996.

_____. *Searching for Authority: Panamericanism, Diplomacy and Politics in United States-Argentine Relations, 1910-1930*. Nova Orleans: University Press of the South, 1996.

_____. *Argentina and the United States at the Sixth Pan American Conference (Havana 1928)*. Londres: Institute of Latin American Studies University of London, 1991.

SILVA, Alexandra de Mello e. "Ideias e política externa: a atuação brasileira na Liga das Nações e na ONU". *Revista Brasileira de Política Internacional*, Brasília, vol. 41, n. 2, dez. 1998.

SILVEIRA, Paulo Fernando. *Tribunal Arbitral – Nova Porta de Acesso à Justiça*. Curitiba: Juruá, 2006.

SMITH, Joseph. *The United States and Latin America. A history of American diplomacy, 1776-2000*. Nova York: Routledge, 2005.

_____. *Unequal giants: diplomatic relations between the United States and Brazil, 1889-1930*. Pittsburgh: University of Pittsburgh Press, 1991.

SOARES, Álvaro Teixeira. *História da Formação das Fronteiras no Brasil*. Rio de Janeiro: Conselho Federal de Cultura, 1972.

SOLER, Ricaurte. *Idea y cuestión nacional latinoamericanas. De las independencias a la emergencia del imperialismo*. México: Siglo XXI, 1980.

SOUZA, Christiane Laidler de. "Nossa águia em Haia" Disponível em: http://www.revistadehistoria.com.br/secao/artigos/ nossa-aguia-em-haia. Acessado em: 12/03/2008.

SUPPO, Hugo Rogério. "Ciência e relações internacionais: o congresso de 1905". In: *Revista da SBHC*, n. 1, 2003. *Ciência e Relações Internacionais*, p. 6-20.

STUART, Ana. "Internacional: A história da Alca". Disponível em: <http://www2.fpa.org.br/portal/modules/news/article. php?storyid=2500>. Acessado em: 06/02/2008.

TIJERINO, Frances Kinloch. *História da Nicarágua*. Manágua: Instituto de Historia de Nicaragua y Centroamérica, Universidad Centroamericana, 2006.

"The Presidents". Disponível em: http://www.whitehouse.gov/ about/presidents. Acessado em: 07/01/2006.

TODOROV, Tzvetan. *A Conquista da América: a Questão do Outro*. São Paulo: Martins Fontes, 1991.

TOPIK, Steven C. *Comércio e canhoneiras - Brasil e Estados Unidos na Era dos Impérios (1889-97)*. São Paulo: Companhia das Letras, 2009.

_____. *Trade and Gunboats: The United States and Brazil in the Age of Empire*. Stanford: Stanford University Press, 1996.

TRASK, David F; MAYER, Michael C.; TRASK, Roger R. *A biography of United States-Latin American relations since 1810. A select list of eleven thousand published references*. Lincoln: University of Nebraska Press, 1968.

VÁSQUEZ GARCÍA, Humberto. *De Chapultepec a la* OEA: *apogeo y crisis del panamericanismo*. Habana: Editorial de Ciencias Sociales, 2001.

VERONELLI, Juan Carlos; TESTA, Anália. *La OPS en Argentina*. Buenos Aires: Organización Panamericana de la Salud, 2002.

VESENTINI, Carlos Alberto. *A Teia do Fato*. São Paulo: Hucitec/PPGHS, 1997.

WHITAKER, Arthur P. *The United States and Argentina*. Cambridge: Harvard University Press, 1954.

_____. *The Western Hemisphere Idea: its rise and decline*. Ithaca: Cornell University Press, 1954.

YEPES, Jesús María. *Del Congreso de Panamá a la Conferencia de Caracas, 1826-1954*. Caracas: Gobierno de Venezuela, 1976.

ZEA, Leopoldo (org.). *América Latina en sus Ideas*. México: Unesco/Siglo XXI, 1986.

_____. *El Pensamiento Latinoamericano*. Barcelona: Ariel, 1976.

_____. *Fuentes de la Cultura Latinoamericana*. México: FCE, 1993.

Agradecimentos

ESTE LIVRO É RESULTADO de nossa pesquisa de mestrado, levada a cabo entre os anos de 2005 e 2008, orientada pela Profa. Dra. Maria Ligia Coelho Prado, no Departamento de História (DH) da Faculdade de Filosofia, Letras e Ciências Humanas (FFLCH), da Universidade de São Paulo (USP).

Para a realização dessa pesquisa, contei com o imprescindível apoio financeiro do Conselho Nacional de Desenvolvimento Científico e Tecnológico (CNPq), ao longo de 6 meses, e da Fundação de Amparo à Pesquisa do Estado de São Paulo (Fapesp), durante os outros 18 meses.

Muitas pessoas colaboraram, direta ou indiretamente, para a realização dessa pesquisa. Em primeiro lugar, gostaria de agradecer aos funcionários do Arquivo Histórico do Itamaraty, no Rio de Janeiro, bem como da Biblioteca Embaixador Antonio Francisco Azeredo da Silveira e do Centro de Documentação e Divisão de Comunicações e Arquivo do Ministério das Relações Exteriores do Brasil, em Brasília.

Agradeço também a todos os integrantes do Projeto Temático financiado pela Fapesp "Cultura e Política nas Américas. Circulação de Ideias e Configuração de Identidades (séculos XIX e XX)". Em especial, agradeço ao Gabriel Passetti pelo apoio, gentileza e amizade.

Meus agradecimentos se estendem, igualmente, aos colegas e funcionários do Departamento de História, que sempre me apoiaram nas questões acadêmicas durante esses anos de estudo. Sou muito grata, também, às professoras Maria Helena Rolim Capelato e Mary Anne Junqueira, que constituíram a banca de exame de qualificação e a professora Cristina Patriota de Moura, que, junto com as professoras Capelato e Junqueira, me auxiliaram com muitas sugestões na defesa da dissertação.

Agradeço a Maria Ligia Coelho Prado, querida orientadora, a quem devo tanto, a começar pelas aulas da graduação que me levaram a aguçar o olhar sobre a História da América. Sou muito grata pelo admirável exemplo de vigor e rigor intelectual na orientação desta dissertação.

Finalmente, agradeço às minhas queridas amigas, Teresa Chaves, Mirella Oliveira e Júlia Silva. À Teresa, pelo companheirismo e afeto desde a graduação; à Mirella, pela amizade e as conversas sobre o Brasil na América Latina; e à Júlia, por ter acompanhado todas as etapas do trabalho, além do seu precioso apoio nos momentos difíceis. Também sou muito grata aos meus pais, Márcia e Luiz, que me fizeram amar a América Latina. Obrigada por todo apoio intelectual, afetivo e financeiro durante esses anos de estudo. Ao Thomas, o maior agradecimento de todos pelo afeto e apoio incondicional. Não tenho como agradecer as inúmeras leituras criteriosas, as conversas cotidianas e as muitas viagens a Brasília e ao Rio de Janeiro em busca de tantas fontes.

Esta obra foi impressa em Santa Catarina no verão de 2013 pela Nova Letra Gráfica & Editora. No texto foi utilizada a fonte Adobe Jenson Pro em corpo 11,5 e entrelinha de 16 pontos.